时代见证·系列丛书

全球视野 中国立场

大抉择

决定中国企业命运的
关键时刻
1978—2018

《时代周报》社·主编

SPM

南方出版传媒

广东人民出版社

·广 州·

图书在版编目（CIP）数据

大抉择：决定中国企业命运的关键时刻1978—2018 /《时代周报》社主编．—广州：广东人民出版社，2019.11

ISBN 978-7-218-13978-4

Ⅰ.①大… Ⅱ.①时… Ⅲ.①企业管理—研究—中国 Ⅳ.①F279.23

中国版本图书馆CIP数据核字（2019）第238423号

DA JUEZE
大 抉 择

JUEDING ZHONGGUO QIYE MINGYUN DE GUANJIAN SHIKE1978—2018

决定中国企业命运的关键时刻1978—2018

《时代周报》社 主编

出 版 人：肖风华

策 划 人：孙 波
执行主编：吴 慧 谭 骥 曾向荣

责任编辑：梁 茵 廖志芬
责任技编：周 杰 周星奎

出版发行：广东人民出版社
地 址：广东省广州市海珠区新港西路204号2号楼（邮政编码：510300）
电 话：（020）85716809（总编室）
传 真：（020）85716872
网 址：http://www.gdpph.com
印 刷：广东鹏腾宇文化创新有限公司
开 本：787mm×1092mm 1/16
印 张：16 字 数：213千
版 次：2019年11月第1版
印 次：2019年11月第1次
定 价：68.00元

如发现印装质量问题，影响阅读，请与出版社（020-83795749）联系调换。
售书热线：（020）85716826

序

格局决定结局

格局决定结局。

以往四十年的改革造就了强大而辉煌的中国企业阵列。在这个阵列中，平安银行、广药集团、创维、恒大、深创投、百胜中国、京东、碧桂园等纷纷站到了C位。特别是在世界经济不景气和中美贸易摩擦的情况下，中国实体经济仍创造出了亮眼的成绩，维系了中国"世界工厂"的坚实地位。相比之下，大洋彼岸的美国正全力吸引实体经济回流，但效果平平。探究中国经济成功的原因，社会环境的持续变革功不可没。事实上，改革开放四十年，经济发展一直因应着社会环境变化。中国企业的集群式成功在很大程度上要归功于政府支持和社会开放。

改革开放之初，改革的主要方式就是打破以往老旧观念与机制上的桎梏，让社会成员对经济利益的追求正当化：一些固有机制的打破为商业流通打下基础，城乡迁徙限制的弱化为农村劳动力流动带来便利，社会主义市场经济的提法更是满足了很多人下海经商的需求。这些都为经济成长带来了持续的动力。

经过四十年的改革开放，我国成功实现了计划经济向社会主义市场经济体制转型，取得了举世瞩目的巨大成就。正如著名投资人阚治东所言："如果没有改革开放，我只会成为一个农业能手。"直到今天，实体经济转型升级、投资行业从无到有、高科技产业集群爆发，这些亮眼的经济成就与社会环境的逐步改善是相辅相成的，比喻为一枚硬币的两面也不为过。

经济自我生长的路径一旦放开，就会沿着自己的规律走下去，由此形成了持续改革的不竭动力。现阶段的改革正是在每个领域都要强化已有的成果。对中国企业来讲，如何保持既有的经济地位，可持续地发展，是其普遍的要求。

中国改革开放才四十年，就诞生了这么多百亿级乃至千亿级的品牌，说明中国企业的成功不是偶然的，而是体系化的产物。而本书对诸多经济精英，如王传福、于冬、彭磷基等人的访谈，也显示出企业和社会之间良性互动的改革传统。如今，改革到达深水区，经济发展面临前所未有的困难。如何改善社会环境获得新的发展机遇，是中国企业再出发的关键所在。这也是为什么本书被命名为《大抉择》的原因所在。

但问题是，中国的企业家们总是习惯于把自己看作是社会环境变革的客体，而非主体。而实际上，已经成长起来的民营企业，对于社会福利、社会服务、社会治理等问题，具有无法推卸的责任。而对这些责任的承担，在很大程度上也是中国经济进一步前进的动力所在。在这样的前提下，只谈企业自身的出路必定是不得要领的。企业要想转型，没有社会转型的助力，不可能成功。在这个关键的时刻，考验的其实是企业家的格局，而不仅仅是能力：如果中国最成功的企业都只斤斤计较于眼前的经济利益，看不到自己改善社会的责任和能力，那就完全够不上现代市场经济的格局了。

苏宁董事长张近东说："今年是改革开放四十周年，民营企业作为改革开放的见证者、参与者，以及受益者，最先享受和把握住了改革开放带来的发展机遇，反哺社会是民营企业义不容辞的责任。"实际上这话只说了一半：在现代经济的发展过程中，反哺社会不但是企业的责任，而且是企业在未来重要的机遇。在改革开放关键性的下半场，中国企业必须要选择和这个国家，以及国民共同成长，才会有无限发展的可能。

唐昊：华南师范大学教授，美国富布莱特学者，著名政经专栏作家。2008年入选美国国务院国际青年领袖访问者项目；2009—2010年受邀作为客座副教授任教于弗吉尼亚州伦道夫—梅肯学院；香港中文大学、乔治·梅森大学访问学者。研究方向：政治学理论、利益集团政治、公益慈善、中美关系。主持国家社科基金和教育部课题多项，出版专著《竞争与一致》《中国式公益》等，在国内外权威学术期刊发表论文数十篇。作为知名专栏作家，《腾讯·大家》作者，文章见于《南风窗》《新京报》《南方周末》《南方都市报》《腾讯·大家》《卫报》（英）等海内外各大媒体。

前言

中国企业崛起的四十年

缝纫机、上海手表、绿皮火车……这些中国人记忆深刻的事物将时光拉回到那个没有喧嚣的年代。

时光惊艳，斗转星移。

改革开放的春风吹来，时代的大门被打开，革新的浪潮席卷而来。大批中国企业抓住了改革开放的历史机遇，脱胎换骨，鱼跃龙门。这些企业是怎样实现这种转变的呢？我们从四个十年的维度来观察。

第一个十年（1978—1988年），是中国人思想观念在新旧碰撞中不断突破、不断解放的十年，也是中国经济顽强生长的十年。"小岗村试验"点燃了农村个体经济燎原的星星之火，而知识青年返城就业也开启了城市个体经济大发展的先河。民营经济的身份逐步走向合法化，成为一次思想解放的洗礼。1981年，党的文件首次出现"个体经济是公有制经济必要补充"的论点，一年后，党的十二大对此进一步明确。但较之个体经济，私营经济的发展要困难得多。从雇工争议，到姓"社"姓"资"和"原罪论"，争论从未休止。1987年党的十三大一锤定音，提出私营经济与个体经济一样，都是社会主义公有制经济的补充。同年，后来成为中国民企巨头的华为在深圳成立。1988年宪法修正案规定，国家允许私营经济在法律规定的范围内存在和发展，私营经济的合法性得到确认。巧合的是，当年民营企业的用工人数，第一次超过国营（有）企业人数。

从零突破到局部撑起国民经济的"半壁江山"，民营经济仅用了十年，展现出市场强大的力量和人民群众波澜壮阔的创造力。

第二个十年（1989—1998年），中国的大批企业在邓小平南方谈话后获得长足发展，并融入到社会主义市场经济的建设历程。1992年春，邓小平在南方谈话中明确指出，"社会主义的本质，是解放生产力，发展生产力"。不久后，党的十四大提出了"建立社会主义市场经济体制"的战略目标。在这个十年，股份制是中国企业发展的重大制度突破。用资本将各方面社会资源凝聚为一个有生命力的"法人"，同时，又不改变初始资本的权属，这就是股份制的魔力。1993年，经过股份制改造的美的集团率先在深交所上市。制度的红利直接推动中国企业驶入快车道，成为国民经济的重要组成部分。1998年9月，国家统计局在制定统计规则时，将中国经济成分划分为公有经济和非公有经济两大类别。

第三个十年（1999—2008年）的开端，适逢亚洲金融危机的爆发，加上国有企业大量亏损，中国经济面临巨大压力。在危急关头，国有企业实行了"抓大放小"的改革，中国企业的所有制格局为之一变。为助力民营经济发展，国务院先后在2005年、2006年出台了"非公经济36条""民间投资36条"。中国企业化危为机，大量实行股份制，并开始上市融资。中国在加入WTO后变为"世界工厂"，"中国制造"得以行销全球。

从2009年至今，我们走过了第四个十年。如果说，前三个十年的大发展，是制度变革的红利，那么，最近十年的壮大则是技术创新的结果。我们看到，电子商务领域的阿里、京东、苏宁，移动支付领域的支付宝和微信支付，物流领域的顺丰和"四通一达"，生活服务领域的美团、大众点评和滴滴，社交领域的微信和微博，资讯领域的今日头条等各领域百花齐放，市场活力被激发，中国企业逐渐站上了世界的舞台。

在满足人民日益增长的美好生活需要方面，中国企业能做的要做的都还很多。新时代已经来临，我们深信，中国企业一定能克服当下的重重困难，跨越市场的"冰山"、融资的"高山"、转型的"火山"。

CONTENTS 目　录

第三章

坚守

第四章

开创

第一章

追梦

　　改革开放四十年来的经验证明，任何一个伟大企业的发展史，都是一部从无到有、从弱到强的奋斗史。无论是作为国企的广药集团，还是身为民企的华谊兄弟，还是在中国落地生根的百盛中国，莫不如此。

　　成功者的都是奋斗者。没人可以随随便便成功，也没有哪个企业不奋斗就能长盛不衰。马云在成功前经历了艰苦的奋斗，任正非之所以能把华为打造为中国企业的标杆，就是坚持让华为以奋斗者为本，让奋斗者寻找梦想，保持奋斗精神。

广药集团董事长李楚源说："改革开放四十年来，我是一个奋斗者。"华谊兄弟创始人王中磊说："自公司成立二十多年来，华谊兄弟走了很多人不敢走的路。"百胜自1987年在北京前门大街开张了在中国的第一家餐厅，在中国逐步做大做强，其精髓也在于奋斗。

我们都是奋斗者。我们都在努力奔跑，我们都是追梦人。

汉能李河君：一个时代的"追梦人"

刘娟

1997年，伴随着来势汹汹的亚洲金融风暴，还不是亚洲首富的李嘉诚选择北上，将地产开发的重点从香港转向内地；与此同时，一个在北京打拼多年的年轻人选择南下，将自己经商几年得来的8000万元全部投入不被所有人看好的水电行业，最终他建成了世界上最大的民营水电站。他叫李河君，汉能的创始人。

李河君从来不惮于挑战难题，思路是出路的钥匙，国家是命运的基石。别人避之不及的两场经济危机，李河君却准确地抓住了机遇，缔造了两大能源传奇。

他的创业故事如同一面镜子，折射出改革开放四十年来风云激荡的历程。作为中国"智造"名片的新能源行业，经历了崛起和奋进，正迎来了时代发展的快车道。

作为时代的见证者，李河君感慨，是国家的强大，让汉能强大："国运则我运。"他坚信，企业家将获得新时代的更多馈赠，获得与中国共同成长的更多机会。

如今，李河君要讲一个新故事，希望可以利用自己拥有的世界最尖端的薄膜太阳能技术，帮助中国在第三次工业革命中"领先一把"。线索就在万亿量级的移动能源里，"到2022年底，汉能要成为像苹果、微软、谷歌一样有影响力的全球最伟大的公司之一"。

风起河源

1992年1月17日，农历腊月十三。时年八十八岁的邓小平在女儿邓楠搀扶下，悄悄地登上一列没有编排车次的普通绿皮火车。很少有人会意识到，这趟列车的运行轨迹，将会改变整个中国的命运走向。

这一年的初春，中国大地乍暖还寒。中国的改革开放正处在徘徊不决、欲进还退的关头，姓"社"姓"资"的问题一直争论不休。邓小平南方谈话定了调，"改革开放胆子要大一些，看准了的，就大胆地试，大胆地闯"。

这一年，广东河源人李河君刚满二十五岁，但已先一步跳进"下海"这股时代洪流中。

"交大（北京交通大学）那时候还包分配，让我去广东铁路局，但我把名额让给同学了，"李河君要创业的选择，惊呆了所有人，"坦白讲，那时候所有人都认为成功不了。"

满脑子都是赚钱想法的李河君，要去中关村落脚。那里是英雄草创的大舞台，杨元庆那会还在白颐路上扫街，寻找联想电脑的第一家代理。爱国者冯军，当时绰号还叫"冯五块"，只要能挣五块钱，他就蹬三轮板车给人送机箱去。

倒卖过电子产品、玩具、矿泉水等生意，三四年间，李河君从跟教授借五万块起步的毛头小子，成为了拥有数千万资产的"成功人士"。

拿着钱，李河君反而发愁了，两个抉择在他脑子里打架，"炒股呢，还是去买资产？"

就在这时，李河君收到中学同学邀请，回河源第一次考察了水电项目。再次站在家乡的河边，地方上对能源的需求，震撼了这个已经在商海摸爬滚打多年的年轻人。1994年，李河君用1000多万元收购了河源老家东江上的一座装机容量为1500千瓦的小水电站，他的命运从此就和清洁能源绑在了一起。

那一年，世界上规模最大的水电站——中国的三峡工程开始动工；那一年，曾经被国企垄断的水电投资开始对民营企业敞开怀抱，华睿集团（汉能集团前身）的故事翻开扉页。

都说是水成就了李河君。河源三面环水，四年后，李河君揣着几千万资金再次回到家乡河源，决定投资建设木京水电站。

"当时公司考察了十几个项目，这个是经济指标最差的一个"，为汉能的水电事业立下汗马功劳的汉能集团董事局副主席刘兴荣，一开始也并不看好这个项目，不止是他，公司内部一片反对声。

这个电站一度电平均要投资0.7元，而当时的电价才每度0.2元。这个看起来肯定会赔本的项目，在李河君之前一直没有人愿意投资。

刘兴荣回忆，做项目调研时，上至国家发改委电力工业部、广东省政府，下到河源市供电局，都向他传达着一个态度：木京项目，根本不可能上马。

那时，受亚洲经济危机的影响，全国燃油发电全部倒闭，在建百万级以上燃煤火电停工，已建成水电只有60%装机发电，没有人看好建水电站的未来。"农村里一个灯泡就行了，你发电发出来给谁啊"，连李河君的朋友都不止一次去劝诫他。

但李河君却看到了不一样的未来：当时河源市人均用电量才450度，但100多千米外的深圳人均用电已经超过3000度，发达国家甚至达到了4500度。作为香港、澳门和深圳的后花园，河源肯定要发展。"等别人都看好了，就没我们什么事了。"

就这样，3万千瓦装机的木京水电站，仅用了20个月首台机组就投产发电。2002年，李河君等待的"风"就来了。长三角、珠三角地区的电荒已经开始，全国有22个省拉闸限电。电，一下子成了中国社会的生命线。

"木京电站只是我们的一个起点，今后我们要上30万乃至300万装机水电站！"木京电站在庆典大会上，李河君语出惊人。没多久，他就把刘兴荣和另外一位副总裁派到广西找项目去了，于是就有了后来的60万千瓦的长洲水利水电项目。

这个项目横跨两岛三江，是亚洲最大、全球第二大的低水头灯泡贯流式水电站，因为带有拦洪、航运及水利灌溉功能，不是纯粹的发电，此前的二十多年来，主流电力企业一直不愿投资。

"这是民企进入大江大河大型水电垄断行业的最好时机，机会难得"，后来的事实也证明了李河君的判断，长洲项目成为了汉能拿下金沙江中游开发项目的平台。

现金奶牛

江水滔滔，奔流不息。这里是长江的上游，因江中沙土呈黄色，故名金沙江。李河君站在江畔，雄心万丈。

2002年，中央统战部、全国工商联开展"光彩事业"，组织民营企业家赴云南投资考察，李河君是其中一员。当时，云南省规划建设8座百万级千瓦水电站。

一番可行性调查后，李河君决心吃下一笔大单子，他和云南省政府签了协议，决定在这里兴建6座总装机容量约1400万千瓦的大型水电站，其总投资超过750亿元。

这样的规模，引来了潮水般的质疑。在当时，开发百万装机的水电项目，基本属于国家电力企业的专属特权。

吃下的"蛋糕"面临重新争夺，几经博弈，民营企业汉能最终只保留下一个金安桥水电站的开发权。但前提是，李河君与汉能的实力，能够经受住考量。

总装机容量300万千瓦的金安桥水电站，规模相当于葛洲坝的1.1倍，相当于三峡的六分之一。"所有人都以为这是个笑话。举全中国之力盖了葛洲坝，但我们的项目比葛洲坝还大，谁会相信民营企业能干这个事？"汉能集团董事局副主席冯电波回忆，当时金安桥参与决策的高管，大多数持反对意见，认为项目太大了不可能实现。

"汉能没有不可能，"李河君拿当年的铁人王进喜来动员，"你看大庆油田是怎么干起来的？那就是有条件要上，没有条件创造条件也要上，王进喜也是人不是神，他能够做到的事我为什么做不到？"

李河君转头立下军令状：2005年底前后，实现大江截流。否则，金安桥项目依然有可能被国有电力公司"截胡"。前期投入的四十多亿元，也会打了水漂。

在这场动员会上，刘兴荣被任命为金安桥项目的总指挥，他不能失败，更是没有任何退路。

金沙江是一条极为狂野的大江。整个金沙江流域落差为3300米，是世界上落差最大的大江之一，江水深度大，枯水期平均深度也在20米左右，河床狭窄、流量大、流速快，抛投物很难下沉。这条大江上，金安桥水电站是第一个截流项目，没有任何截流经验可供借鉴。

几经努力后，桀骜不驯的金沙江被成功截流，金安桥进入建设高峰期。

"大型施工车辆不断进进出出，专业的工程队伍蹲在山沟里一锹一铲，用近乎原始的毅力，在工地上坚守。"冯电波称，高峰时，工地有多达一万人施工，作业面绵延十几千米。

为了应对高峰时每天1000万元的投入，汉能只得把前些年建设的效益好的优质电站一个一个卖掉。"最可惜的是青海尼那水电站，这个项目汉能在2003年以12亿元收购，当时已并网发电。"李河君很遗憾，但他也没有办法，在最困难的时侯，汉能将多年积攒下来的风险准备金全部投了进去。

　　更大的考验在后面。2008年，已经投入巨资的金安桥项目在上报国务院总理办公室项目核准时，被定性为未批先建的违规项目。当年8月，各大银行接到银监会通知，暂停对金安桥水电站贷款。

　　"我们的资金流一下子就断了，这是个灾难，"当时负责筹集资金的就是冯电波，"20%的资本金早就投入进去了，银行的贷款也早形成了导流洞，变成了固定资产了。一旦停工，撤场与再进场的费用都是个天文数字。"

　　那段时间，冯电波就奔波在各大银行之间寻找突破口，他最终在老东家中信银行率先打开了局面。

　　"当时，中信银行总行主管风险的行长带队到了云南，在跟省发改委谈完后，决定在紧要关头支持汉能一把，"冯电波说，"中信银行最后不仅做了续贷，还给了一笔增量。他们带了头，我去一个一个搞定了其他银行的（续贷）。"

　　这股韧劲儿，从那时起开始一点点打磨汉能人的脾性。到后来，渐渐演变成了汉能强悍执行力的根源。

　　2011年3月27日，200亿元投入的金安桥水电站一期240千瓦机组终于实现并网。"庆典时，我们邀请了很多人，我们所有人兴奋是真的，但内心还是比较平稳，"冯电波说，"很多的激情、感慨，也许已经散落在过去十年的时光里面，被摊平了。我们当时已经扬帆起航，准备去做下一件事。"

　　历时八整年、十个年头，一锹土一锹土建起的金安桥水电站，迄今为止仍然是全球最大民营水电站。这个"印钞机"带来的成本最低廉、最有持续性的现金流，至今也是汉能集团的核心资产。

　　"金安桥项目，第一个收获最简单也是最低层面，我们赢得了一个现金流，金安桥做成以后每天一千万的现金流；第二个收获，我们赢得了商场最宝贵的一个字：信；第三个收获，我们克服了困难，成长是前所未有的，"曾经有人出价450亿元买走金安桥，李河君没有同意。"我经常跟别人讲，看看汉能的过去，就知道汉能的未来。"

第二曲线

时至今日，站在大坝前，李河君仍会记得当时的艰辛和热血。所有的疑虑、质疑和不信任，都在金安桥水电站落成的那一刻，烟消云散。

"金安桥之后，大型水电资源我们拿不到了，下一步做什么？"金安桥核准后的某一天，汉能的高管团队五个人在昌平开会时，冯电波开了个玩笑："还做什么啊，一天就一千多万，天天打球躺着花钱也花不完。"

李河君笑话冯电波"没理想没抱负"，他已经在非常主动地寻找"第二曲线"。李河君非常清楚，公司必须转型，但战略不是天生形成的，是在实践中形成的。在这过程中，汉能也尝试过包括煤转油、潮汐能、燃料电池在内的很多项目，最后才明确薄膜发电这一方向。

汉能集团副总裁王俊娟，那会还只是公司的投资发展部总经理。当时，从水利部跳槽到汉能，王俊娟每天就是背着老板的钱袋子，到处去寻找各种投资资源。

有一件事让王俊娟感触特别深刻，她在内蒙古拿到一个火电项目，地方还承诺给予两亿吨储量的煤矿做配套。向李河君汇报这个项目时，李河君给她上了一课："要学会做减法，火电、煤矿这种跟子孙争资源的项目不能做。"

此时，李河君已经实现了一个商人到企业家的初步蜕变。追求理想与使命感的企业家精神在他心里生根，也成为延续他一生的主线。

当时，李河君已经有了决定，要去做光伏。在2006年当选全国工商联新能源商会会长后，李河君就发现很多企业都在做光伏。两三年间，太阳能发电成本从3～4元钱降到了0.5元，李河君看到了能源发展的未来。

2009年，汉能的转型升级之年，李河君宣布要进军光伏里的薄膜太阳能领域。从此之后，"薄膜太阳能改变世界"成为了李河君的口头禅以及他坚信的理念。

但在这之前，所有声音都在反对。冯电波再一次带头站出来劝李河君，他看不到薄膜的未来。"施正荣的尚德有当时全球最大的晶硅太阳能电池厂，你知道施正荣博士学的专业是什么？就是薄膜。他都不做薄膜。"

当时，晶硅如日中天，市场占有率90%以上，而薄膜各方面还看不清楚，技术成熟度不高。事实上，做薄膜和水电站的思路有异曲同工之妙：同是清洁能源，同是成本高而短期难有收益的项目。

汉能内部为此开过一次研讨会论证，六七十人的会场上，分管汉能财务的冯电波准备了十个问题，但讲到第四个反对发展薄膜的问题时，李河君把他"轰"了下去。

"当时的薄膜太阳能技术，无论转换率还是成本，都没有优势。而且还有很多的技术难题需要突破，资金的门槛非常高。所以，大家认为我在做概念，玩虚的，全球都在笑话我。"李河君记忆犹新，但他还是再次拍板，对反对意见不予采纳。

理工男李河君，站在一个迷宫的角度看薄膜未来的发展，薄膜太阳能轻、薄、柔的特点，它的未来应用场景必将超过晶硅。

"老板经常说一句话，人们往往高估了一到两年的变化，看到这两年在挣钱，但没有看到五到十年的变化，"王俊娟说，"老板一开始是来跟大家统一思想，统一不了了，他就痛下决心了。"

认定了太阳能薄膜发电的主航道后，李河君开始投入。

"回过头看，别人不要的，正是我们的机会。"刘兴荣这句话，验证了李河君的眼光。随着竞争的加剧，晶硅光伏企业"高科技"的外衣被剥落下来，暴露出技术缺失、劳动密集的内核，行业利润率迅速从139%下滑到20%。无锡尚德从2010年开始亏损，股价也从顶峰的90美元一路跌破1美元。

❝ 扶摇而上

甫一开始，李河君就决定不走弯路，直接奔着最核心的问题去——在全球范围内进行太阳能薄膜技术的整合，这最快也最准。

"当时，国内南开大学等一些科研院校都在研究薄膜，但顶尖的技术，转换效率很高的技术都在国外，在欧洲和美国，还有日本，"冯电波陪着李河君，在全球范围内筛选了700多家顶级的铜铟镓硒企业，然后优中选优去考察。

2012—2014年，汉能先后并购德国Solibro、美国MiaSolé、Global Solar Energy、Alta Devices四家薄膜太阳能企业，技术方向涵盖铜铟镓硒、砷化镓两条主线。这一系列堪称教科书级别的跨国并购，让汉能掌握了全球最领先的薄膜太阳能技术。

"薄膜技术这么好，未来的前景又这么好，德国人美国人看不到吗？之前投了那么多钱，怎么说不投就不投了。"冯电波后来搞清楚了，汉能很幸运，赶上美国人发现页岩气，正好忽略了投资高、技术高的薄膜太阳能。"如果是放到今天，这几家企业可能都收不成。"

李河君没有因此放慢步伐，他深知买来的技术要转化成自己的技术创新能力、实现产业化，还有很长的路要走。汉能先后在北京、四川、江苏、美国硅谷、德国、瑞典等地建立了8个研发中心，形成全球联动的技术研发体系，建立起全球协同创新机制。

在汉能全球技术大整合之后，李河君打破了不同企业之间的专业壁垒，这些以前老死不相往来的几家公司技术共享，产生了协同效应，加快了研发创新的进度。汉能几条技术路线的转换率都在稳步上升，不断刷新自己原先创下的纪录。截至2018年12月31日，汉能累计专利申请超过一万件，累计授权专利超过2100件。

"麦肯锡发布的那张中美科技差距雷达图里面，在中国只有一项技术，是全面超越美国的，就是太阳能技术"，汉能薄膜发电集团副总裁徐晓华称，这个超越其实有很大的意义。过去这么多年，汉能的薄膜太阳能技术走在世界的最前列。

前不久，世界三大再生能源研究机构之一的德国弗劳恩霍夫太阳能系统研究所（Fraunhofer ISE）认证，阿尔塔砷化镓薄膜单结电池转换效率达到29.1%，这也是继6月创造28.9%后一年中第二次被刷新。

目前，汉能在砷化镓电池领域，保持双结电池（31.6%）、单结电池（29.1%）、量产组件（25.1%）转换率等多项全球领先水平，进一步奠定了其在高效太阳能薄膜电池领域的绝对领先地位。

此外，汉能子公司Solibro制造的玻璃基大面积铜铟镓硒（CIGS）薄膜组件转化率达到18.72%；子公司MiaSolé依靠溅射法制造的柔性铜铟镓硒薄膜组件，转化率达到19.4%，均为目前全球最高水平。

有这一系列核心技术加持，汉能正试图将全产业链优势发挥到极致，在装备市场和民用市场并举前进。如果说之前的8年时间，他们将薄膜太阳产业能从0做到1，接下来，就要从1做到100到无穷大。

在全球光伏产业哀鸿遍野之时，汉能逆势崛起，成为一颗冉冉升起的新星，李河君又一次创造了奇迹。

2014年、2015年，李河君分别以134亿美元和255亿美元的个人财富两次蝉联《新财富》中国大陆首富；2015年以246亿美元个人财富被《胡润财富》评为中国大陆首富，以330亿美元的净资产被《福布斯》评为中国大陆地区首富（不同榜单计算方式有所不同）。

❝ 做空危机

命运再次和李河君开了个玩笑。

2015年5月20日晚，临睡前，李河君很平静地对秘书说了一句英文："Tomorrow is another day.（明天又将是崭新的一天。）"

当天下午，他照常出席了全国工商联的一个座谈会，主讲什么是移动能源。开场第一句，他自我调侃道："今天的演讲很贵，值1000个亿。"这个世界上，永远都不可能有真正的感同身受。没有人清楚，李河君此刻正遭遇怎样的人生至暗时刻。

这一天，一场恶意做空重挫汉能薄膜发电。短短20分钟里，这只股票暴跌47%，千亿市值弹指间灰飞烟灭。在这之前，汉能薄膜发电是一只超级牛股，股价一年翻了数倍，市值一度高达3100多亿港元，直逼李嘉诚的长江实业。

随后而来的，是一场三年半之久的停牌大戏。劫后余生，李河君也曾反思过。

"汉能经历了前所未有的历练，也获得了前所未有的成长。"李河君数次公开表示"感谢做空者"，并锲而不舍推进改革。此前相对封闭的汉能，逐步走向了开放和透明。

在汉能一次周年纪念日上，李河君反思汉能"步子迈得太快、快速扩张导致内部管理跟不上"，市场经营意识薄弱，过度强调规模，管理架构复杂，"大企业病"严重，缺乏专业人才以及开放度不够等五方面问题。

剧烈的阵痛，促使汉能进行了大刀阔斧的内部改革。他们提出了向移动能源战略转型、业务运营策略聚焦调整、股权开放、引入战略投资者等一系列调整和转变。

研发汉瓦、汉墙、汉伞等产品便是聚焦战略调整的具体体现。"什么是好产品，汉瓦等就是，第一是产品供不应求，第二是有定价权，"李河君总结道，"你看华为、三星、苹果，现在他们抢中国市场，也就一万到两万亿市场。但一个汉瓦就一到两万亿市场，汉墙也是这样，整个标准汉能在干。"

根据第三方调研机构CMRC中研世纪的预估，到2022年，仅中国市场中，发电屋顶、发电幕墙、整车发电车顶的可开发市场容量为1100.18吉瓦，市场总额11.88万亿元，其中薄膜部分市场容量和市场总额分别为112.2吉瓦和1.19万亿元。

这也是三年多过去，汉能薄膜发电重迎高光时刻的关键原因。2018年8月30日，汉能薄膜发电用一纸漂亮的成绩单，回击了"5·20"事件后的各路质疑——上半年，公司收入达204.15亿港元，同比增长约615%，净利73.29亿港元，同比增长30倍，创下历史最佳半年业绩纪录。

李河君说："我觉得汉能就是这样的（指数型组织），一个企业什么时候有爆发性增长，我觉得不是30%到50%的增长，要三倍到五倍的增长，才是爆发式增长。"

他对汉能爆发式增长的重新定义，源自于一本名叫《指数型组织》的书。这是一本指数级时代企业的行动手册，作者奇点大学创始执行理事萨利姆·伊斯梅尔创建了一套"指数商"测试题，并测量出了指数型组织世界100强。在这份名单中，有小米、海尔、阿里巴巴，以及Uber、Airbnb等公司。

此刻，李河君筹谋汉能未来之路，在眼下政府号召回归A股的潮流下，他为汉能薄膜发电锁定了发展关键词：私有化，回A股。他们准备以5港元/股的要约价格跟投资者喊话。按照股本421亿股计算，汉能薄膜发电的市值将达到2105亿港元。

汉能薄膜发电并不是第一家有意回归A股的新能源企业。包括天合光能、阿特斯、晶澳等企业都已先后提出了私有化的意向。目前，晶澳正筹划通过借壳在A股上市。

❝ 前行底色

在北京奥森公园内的汉能总部，李河君有一间灌满阳光的办公室。室内悬挂着黄石公《素书》的巨幅书法，传说西汉名相张良仅领悟此书十分之一，便助刘邦取得天下。坊间传说，素书便是汉朝的"开国密码"。

相谈甚欢时，李河君会用夹杂着广东口音的普通话，为访客一字一句地诵读："若时至而行，则能及人臣之位；得机而动，则能成绝代之功。"

"得机而动，则能成绝代之功"，这便是李河君的"商业密码"之一。古文晦涩难懂，其实翻译成现在的语言，看起来并不出奇，"创业要寻找风口，找对风口便能成功"。

在一场不亚于互联网、终极的人类能源利用革命里，思考中国能源未来的李河君，正在用更轻便、可移动的薄膜太阳能发电技术，缔造移动能源领域的新游戏规则。

一个个科幻电影里的"黑科技"正不断变成现实。

一架翼展243英尺（74米）的太阳能平流层无人机"奥德修斯"（Odysseus），正静静停靠在美国弗吉尼亚州东北部的一处停机坪里，它很快就会飞向天空。

设计者波音公司旗下极光飞行科学公司（Aurora）赋予了奥德修斯一波厉害的操作——仅靠太阳提供动力，奥德修斯就能有效地无限飞行，并拥有当今持久性太阳能航空中最大的有效载荷能力。

秘诀何在？奥德修斯机翼表面、尾翼边缘和垂直尾翼上覆盖的数千组薄膜太阳能电池，和他们背后的汉能旗下美国阿尔塔（Alta Devices）公司走向台前。

在无人机领域取得的突破，只是汉能面向前沿科技发展的一个缩影。

此前，面向主流商用市场，汉能已经推出了装备砷化镓薄膜太阳能电池的4.4米翼展固定翼无人机，续航时长达到6小时～10小时，里程达到400千米～700千米，成为世界上航时最长的工业级太阳能无人机。它在性能上优越于续航时间为1.5至2小时，作业范围在200千米以内的常规纯电池动力无人机。

这是一片尚待分羹的万亿级别蓝海市场。中航工业近日发布的《无人机系统发展白皮书（2018）》显示，目前全球无人机系统产业投资规模比二十年前增长30倍，全球年产值约150亿美元。未来十年，产值累计超过4000亿美元，预计将带动万亿美元级的产业配套拓展和创新服务市场。

汉能阿尔塔甚至与美国国家航空航天局（NASA）牵手合作，要登陆国际空间站，包括为立方体卫星（CubeSats）提供动力。

围绕着住、行两大领域，汉能已经规划了5大类14种产品，并在按照IPD流程，进行产品开发的全生命周期管理。他们已经陆续推出新款汉瓦、汉包、汉纸和汉伞、汉墙等产品。

此前，在"伟大的变革——庆祝改革开放四十周年大型展览"中，汉能携汉瓦入选"大国气象——蓬勃发展的中国企业"板块。从秦砖汉瓦到科技汉瓦，汉能正以科技创新驱动新能源发展，致敬改革开放四十周年。

多个"奇迹"都实现了，李河君终于有底气说"汉能，没有不可能"——这是汉能司训的其中一条。在过去的十多年里，汉能出名的"司训十八条"中，只有两条从未有过任何变动的司训，一条是"汉能，没有不可能"，另一条是"汉能，因祖国强大而强大"。

"国家现在大力支持民营企业的发展，民营企业更应该坚定信心，担当责任，"李河君说，"专注自己的领域，把企业做大做强。一个国家的强大最终都集中表现在企业的强大。"

广药集团：千亿级新航母驶向世界五百强

吴绵强

仁立新时代，开启新征程。1973年，白云山脚下，从二十余名知青利用简易的两口大锅熬煮穿心莲出发，通过一间小小的制药车间，凭借"敢为天下先"的精神，打造出了一家全国改革示范厂——白云山制药总厂。

这间制药厂成为改革开放初期的一面旗帜，并得到习仲勋同志两次视察，成长为全国最大的口服抗生素生产基地。白云山制药总厂的成长史只是广药集团改革开放以来的一个缩影，如今的广药集团已经成为千亿级的龙头企业。

在改革开放四十周年之际，时代周报记者深度调研白云山制药厂，采访当年的老厂长和广药集团负责人，以及早年深度参与改革的广药集团老职工等，试图还原广药集团四十年来，走过的改革瞬间和风雨历程。

"改革开放四十年来，我是一个奋斗者，也是经历者。我在广药集团工作三十年，从技术人员，到销售人员、一线的管理人员，到现在广药集团的党委书记、董事长，这一路的发展都和改革开放有关。"李楚源对时代周报记者表示。

"从个人来说，没有改革开放就没有我个人的今天；而广药集团能够形成广药速度、广药方案、广药创新、广药力量，这正是改革开放形成的广药精神，这也是广药快速发展的动力之源。"李楚源如此评价改革开放与企业及个人的关系。

改革开放初期，通过"杀出一条血路"精神的指引，广药集团不断前进。"现在改革开放已经进入了深水区,我们总结改革开放四十年的经验,目的是再出发。"李楚源表示,在新一轮改革开放的大潮中,除了继续弘扬改革开放这种激情、活力之外,公司还要进行理性、从容的筹划,要进行顶层设计,依法依规,了解国际规则,了解国内老百姓的需求,以市场为中心,以消费者为中心。

❝ 从两口大锅到"改革示范厂"

白云山麓,风景宜人,广州市白云区同和街云祥路88号,这里是白云山广药集团白云山制药总厂所在地。2018年11月1日,四十多年前入厂的二百四十多位创业初期的年轻知青及员工,重返当年工作的厂区,徜徉在展厅、车间这些曾经奋斗过的地方,感受着广药集团白云山制药总厂四十余年来的新变化、新面貌,欢声笑语飘荡在厂区上空。

历史的画卷翻页至1973年,此处是远离市区的一片荒凉之地。二十余名风华正茂的知青,进驻白云山上一间简易的工棚,凭着两口大锅"闹革命",建起了一个生产穿心莲中药的车间。

据创业初期的老厂长霍梳介绍,当时的药厂是从白云山农场制药车间发展起来的,隶属园林部门管理。当时园林部门在这里种植了很多穿心莲,于是一座生产穿心莲片的车间开工了。

当时的条件艰苦、设备简陋,工厂开工三年,一直亏本。1976年,36岁的贝兆汉被委派至此担任党支部书记,同时霍梳担任厂长。贝兆汉之前担任白云机械厂职工委员会主席、广州白云农工商联合公司政工干事。

广药集团内部至今珍藏着一幅老照片:意气焕发的年轻人贝兆汉,身着白色短袖体恤,坐在会议现场的桌前,签下了责任状。"当时这个厂属于农场的计划之外单独设立,很多生产经营方面的问题都要靠自己解决,一无生产用水,二无生产用煤,全部都要想办法,靠其他单位支援。"据霍梳回忆。

正是贝兆汉和霍梳的苦心经营，接手药厂的当年，药厂就实现了90万元的产值，10万元的利润。第二年，贝兆汉和霍梳找到农场，要求放开政策独立经营。

此后，经过与多个部门沟通协调以及广东省委的支持，从原材料、生产设备等都得到解决，工厂正式独立经营，并更名为广州白云山制药厂。

获得新生的广州白云山制药厂在经营上一路高歌，业绩持续获得增长。而为了药厂的未来，贝兆汉和霍梳再一次大胆改革。

当时药厂在行政上依然属于农场管理，但这个"上级部门"，既未给更多资金，药厂赚得的利润还要上交。随即，白云山制药厂希望能够实现经营承包责任制。

承包责任制的经营模式，在当时早已不在陌生，并已被改革层面人士认可。1979年，白云山制药厂的经营承包责任制的方案终于落定：在财政方面，工厂跟上级承包定额产值利润，并实行超额部分的"三三四"，即30%上交，30%留给工厂扩大生产，余下40%作为员工福利。

之所以要留如此大比例的利润分成给员工福利，主要是因为当时的制药厂大多数是知青，没有自己居住的宿舍，全部都是借用别人单位的宿舍，贝兆汉希望将利润留下来解决员工的宿舍问题。

实现了经营承包责任制以后，白云山制药厂的员工都放开了手脚，大家齐心协力，公司的产值持续上升。

正是这一系列改革创新的举措，使得白云山药厂在改革领域屡创佳绩，年产值上千万元的工厂企业已然形成。这在当时已是佳话，作为改革开放先行之地的广东，白云山制药厂成为全国改革示范厂。

1980年的春夏之交，一位特殊客人的两次到访，系白云山制药厂发展史上的荣耀时刻，成为药厂上下推动改革的最强大动力。时任广东省第一书记、省长习仲勋首次前来视察。

对于白云山药厂的未来发展，习仲勋提出指示意见，即"解放思想、招揽人才、树立品牌、技术创新、关心员工"。

在习仲勋的指示下，白云山制药厂继续发愤图强，改革的车轮，滚滚向前。工厂的产值从1980年时的1200万元猛增到1986年的1.2亿元。1987年，已是中共中央政治局委员的习仲勋从北京到广东视察，再次来到白云山制药厂。

霍梳回忆道，当天，习仲勋寄语白云山药厂，"思想要更加开放，不要满足现状，否则就容易被人击垮；要向集约式、多元化发展"。

20世纪80年代，在广东"杀出一条血路来"的高层期盼中，小渔村深圳还未有现代化城市的雏形，广州作为省会城市，许多创新的先行政策，即是从此开始，各项改革举措走在全国前列。白云山制药厂发展成为广州市工业领域的改革典型，并成长为广东改革的一面旗帜。

❜ 白云山中药厂改革样本

在广药集团的发展史上，不得不提到一位具有"特殊"身份的大学生。1988年，一位名叫李楚源的中山大学毕业生，面临人生中一次重要抉择——读研或者就业。

李楚源就读于中山大学化学系，在校学习成绩优异，毕业即获得了保送研究生的资格。与许多穷苦人家出身的孩子一样，李楚源面临着到底是去工作还是读研究生的艰难抉择，内心十分纠结。

正好在那一年，学校出台了一个新政策，可以在保留研究生入学资格的情况下，先出去工作两三年，再回去读书。可是，李楚源还是担心，在刚熟悉工作的情况下，还未对单位作出贡献，就撇下工作离职回去念书，对方不一定能够接受自己。

李楚源得知，当时的白云山制药厂的思想颇为开放，对人才十分珍惜，所以他就尝试着去白云山制药厂找工作。事实上，彼时，不少中山大学化学系的学生，以毕业后能够进入同城的白云山制药厂为荣，因为这家制药厂当时在社会上的美誉度和知名度较高。

在这些毕业生的眼中，白云山制药厂拥有诸多优点：首先重视科研，白云山成立了药物研究所；重视文体，在全国第一个资助创办足球队，即中国足坛早期的劲旅——白云队；颇为重视人才，建设了一批员工宿舍等。因此，很多年轻人，都希望进入白云山制药厂工作。

李楚源又得知，白云山制药厂的负责人为贝兆汉，就想直接找他试试。经过一天的漫长等待，李楚源终于见到贝兆汉，并说明了自己的"特殊"情况。

贝兆汉当即在文件上签名同意，并让李楚源去人事部门办手续。至此，李楚源正式与白云山制药厂结下不解之缘。然而，贝兆汉并不知道的是，眼前这位年轻的小伙子，日后将成为未来广药集团的掌舵人。

初进入白云山制药厂，李楚源进行了一番历练。首先，李楚源发挥学校化学系专业所长，开始做技术工作，进行工厂质量管理。此后，白云山制药厂招聘营销人员，李楚源又到营销岗位锻炼，一路成为销售科科长。

年过而立之年的李楚源，便已成为上市公司白云山A（000522.SZ）总经理助理。随着工作年限的增加，李楚源的保研资格一路延长，后来他觉得白云山制药厂的平台已经足够自己发展，就没有再回学校念研究生了。

1999年，三十三岁的李楚源被任命为白云山中药厂厂长（现白云山和记黄埔中药有限公司）。当时这家中药厂的问题可谓层出不穷，产品销量急降、科研几近停顿、设备闲置率高等，1994—1998年连续五年亏损。

"感觉到是有一定的压力，但我觉得这是组织上信任我，能有一个机会做好这样的平台，所以我就很用心地去把白云山中药厂做好。"李楚源日后回忆。

诚然，面对如此困境，走马上任后的李楚源，提出"一个中心，两个基本点"的思想和战略，即以经济效益为中心，内抓管理，外拓市场。

光有口号和战略显然还不够。为了增加员工对企业的信心，李楚源对自己要求颇为严格，每天早上第一个到公司上班，并在门口迎接所有前来上班的员工，因此迟到的人越来越少，最后到消失。

此外，李楚源在生产方面进行改革，打破"大锅饭"的做法，推行"计件工资"，多劳多得的方式让员工的工作积极性迅速提高。那时候遇到产品旺季，很多工人加班加点，为自己创造更多的收入。

在营销方面，李楚源采取"一个省一个策略，一个区域一个策略"的方式，借助营销方式的灵活性，根据不同的产品、不同的市场，采取不同的营销手段。

日后证明，这些措施起到了一定的作用。经过这种种努力，白云山中药厂当年就扭亏为盈，并且实现了历史上最高的利润，达到1600多万元，销售额一举突破1亿元。如此惊人的业绩，在当时引起轰动。

"领导说当年必须扭亏为盈，我硬着头皮答应了下来。领导话锋一转，说如果创收超500万元，作为厂长可以拿奖金提成。"李楚源笑说，没想到最后真的拿到了奖金，这事还登上了报纸。

随后白云山中药厂屡屡成为业内"第一个吃螃蟹的人"——2001年，成为全国首批将指纹图谱技术应用到中药质检的企业。2002年，建成全国最大的板蓝根GAP基地，白云山板蓝根占据全国60%的市场份额，品牌过硬，颇为畅销，供不应求。

2003年春节刚过，一场非典疫情爆发，全国各地板蓝根热销。在疫情面前，李楚源清晰地知道企业要有爱心和责任，并当即对社会公开提出"三个承诺"：第一，绝不涨价；第二，生产线24小时生产，满足供应；第三，即使亏本，也绝不提价。

后来，生产板蓝根的原材料遭到哄抢，使得白云山中药厂的生产成本大幅提升，但公司坚持不提价，在社会上引起了良好反响。

"在非典疫情面前，我们尽到了自己的责任。虽然当时没有提价，没有获得更大的利润。但从长远来看，我们的品牌效益其实可能获得了巨大提高。"李楚源说。

在持续推进改革的道路上，白云山中药厂还受到了华人首富李嘉诚的青睐。2003年12月，身处香港的李嘉诚写信给广州市主要领导，希望与国有控股企业白云山中药厂合作。

据了解，李嘉诚方面看中白云山中药厂的主要原因是其在中药领域的独特优势，并希望拿到控制权。李楚源带领团队与李嘉诚方面进行了长达一年多的谈判，最终双方将股权合作定位于各占50%。

接着，为了发挥中药厂的影响力，自建中医药博物馆亦是一件突发奇想的创新事。李楚源认为，中医药是中国宝贵的物质文化遗产，只有文化才能流传久远，"营销是今天，科技是明天，人才是后天，文化才是未来"。

2006年，全国首家半开放式中医药博物馆——"神农草堂"亮相广州白云山麓。至今，草堂已接待国内外游客上百万人次，2017年成为全国首个通过国家级4A级景区认证的中医药博物馆，并成为广州《财富》全球论坛指定接待点。

"百年"品牌王老吉焕发年轻活力

从带领白云山中药厂到掌舵广药集团，李楚源凭借敢为人先的精神，持续激发着这家大型国有企业的活力。广药集团亦不是四十年前的那副"模样"，产业版图日益扩大，如今已成为全国最大的制药工业企业。

在广药集团的历史上，另一个不得不提到的品牌即是王老吉。据广药集团大健康产业板块副总监、广州王老吉大健康产业有限公司董事长徐文流介绍，王老吉自诞生一百九十年以来，发展最快的就是改革开放这四十年，经历了两次腾飞。

徐文流表示，王老吉的第一次腾飞是在1991年，即改革开放不久，广药集团运用现代饮料的配制和包装技术创造了盒装和罐装凉茶饮料，使王老吉从中药变成了现代化的、消费者容易接受的植物功能饮料。

第二次腾飞是在2012年5月。广药集团依法收回王老吉红罐红瓶生产经营权并授权王老吉大健康公司生产经营。这几年来，广药集团打造了一支专业队伍，建立了专业渠道，牢牢地把握凉茶第一的市场份额。

据李楚源介绍，当时王老吉大健康面临着无生产线、无团队、无销售渠道的"三无"难题。正是在这样的情况下，王老吉从"三无"起步，创造了震惊业界的奇迹：用23天就成功实现了品牌承接，迅速推出了王老吉凉茶新装产品。

"如今，王老吉已经从'三无'发展为拥有上万名勤劳的员工、9大产业基地、6大子公司、超800万家终端网点、年销售超过200亿元。"李楚源非常自豪。

按照广药集团提出的"时尚中药"的理念，王老吉再次突破创新。通过顺应时下热门的体验经济潮流，推动传统凉茶铺业转向体验式营销，同时，迎合年轻群体的个性化需求，王老吉打造了线下凉茶体验店的经营模式。

"这是我们在供给侧方面的改革。"李楚源说，中药要发展，中药文化要深入人心，关键是实现"四化"，即现代化、国际化、科普化和大众化。

在收回王老吉红罐红瓶生产经营权之后，李楚源又进行了另一场决定广药集团"前途"的尝试。首先，在品牌方面，王老吉坚持"时尚、科技、文化"的品牌发展战略；其次，在传承方面，王老吉所代表的即为凉茶文化、中医药养生文化、老字号品牌，广药集团不断挖掘这些文化的内涵，并将其精髓不断传承下去；再次，在创新方面，广药集团不断进行科技创新和产品创新。

据了解，在科技创新上，王老吉制定的"中草药DNA条形码物种鉴定体系"项目，荣获国家科学技术进步二等奖，与诺贝尔奖得主穆拉德博士联手，建立了国际凉茶产业标准体系，推动行业的高速发展。

同时，产品创新上，为满足消费者不断升级的消费需求，王老吉坚持单品多元化及品类多元化战略，先后推出了针对消费升级的无糖精品凉茶，专属90后、00后的黑凉茶，还有核桃乳等品类，满足不同区域口味诉求及功效需求，向消费者传递健康的生活方式。

谈及王老吉的未来，徐文流表示，公司仍将深耕国内市场，继续挖掘健康植物饮料的多种可能性，探索1828现泡凉茶体验店等新零售商业模式，不断创新研发，继续保持中国植物性功能饮料的第一品牌。

"现在我们正在海外进行布局，将王老吉这一代表中国文化的健康饮料，打造成世界消费者皆认可并接受的健康饮料。"徐文流说。

"千亿"新航母驶向世界五百强

2013年，李楚源带领白云山股份有限公司拿下了国企改革领域最难啃的骨头——重组和整体上市，开创了国内跨沪、深、港三地交易所进行资产重组的先河。

事实上，广药集团的整体上市计划，早在2011年末就已启动。涉及境内外三地交易所的上市公司资产重组工作具有监管部门多、利益博弈复杂、协调难度大等突出特点。

李楚源回忆，"当时要取得二十多个审批、核准，要协调内地和香港关于上市公司资产重组的法规差异，还要满足上交所、深交所和港交所各自不同的信披要求，过程中要协调十二家中介机构。由于这次资产重组属于重大无先例，所以一切都是'摸着石头过河'"。

那段时间，李楚源与广药集团项目组"5+2""白+黑"地没日没夜工作成为常态。一年多的努力后，2013年5月23日，广州药业因换股吸收合并白云山新增A股股份在上交所上市交易。当年7月5日，广州药业向广药集团发行股份购买资产新增A股股份完成登记。

广药集团的整体上市开创了国企领域横跨境内外交易所资产重组的先例，亦激活了上市公司的再融资功能。2015年，广药集团旗下的白云山（600332.SH；0874.HK）启动了非公开发行股票计划，融资近80亿元。

这是白云山自1997年上市以来的首次再融资，规模为A股医药行业定向增发融资规模之首，且引入了马云旗下云锋基金等战略投资者，并启动员工持股计划。

在完成整体上市之后，广药集团的版图日渐清晰。据广药集团官网介绍，公司拥有白云山上市平台及成员企业超30家。经过多年的精心打造和加速发展，白云山已逐步形成了"大南药""大健康""大商业""大医疗"四大独具特色的业务板块。

2015年，广药集团公布"十三五"发展规划，提出力争到2017年将广药白云山集团打造成为千亿销售的医药企业，到2020年冲刺"世界五百强"。

果然，在持续推进改革创新的过程中，广药集团的"千亿目标"终于实现。李楚源兴奋地亮出"成绩单"：集团销售收入从2008年的204亿元增长至2017年的超1000亿元；其中2013年至2017年的四年里实现了销售收入翻番。

近年来，广药集团持续保持双位数的增速。2018年9月1日，备受关注的"2018中国企业五百强榜单"正式发布，广药集团以1021.05亿元的年营业收入位列第165位，较2017年上升6位，在"2018中国制造业企业五百强"中位居第六十八位，较2017年提升五位。同时，连续七年蝉联"中国制药工业百强榜"第一位。

对于广药集团的未来，李楚源战略思路颇为清晰，即"要打造独具产业特色、文化鲜明的世界一流企业"，李楚源表示。

李楚源指出，未来要加强党的建设、加强创新驱动、全球布局、风险控制和资本运作，要紧紧依靠全集团五万名员工，共同冲刺世界五百强企业。

迪马股份：改革开放成就重庆首家上市民企

宁鹏

> 作为重庆市首家上市民企，迪马股份可谓改革开放的见证者和受益者。
>
> 迪马股份是改革开放四十年西南地区民企的一个典型样本。二十年前，迪马股份刚刚起步，在嘉陵江边为香港一家银行做出了第一台样车。如今的迪马股份，已经成为了细分领域的行业龙头，每年营收超过百亿。

走马圈地的峥嵘岁月

迪马股份成立于1997年，目前已拥有超过二十年的专用汽车制造生产经验。旗下全资子公司迪马工业是中国专用汽车制造领军企业，专业从事高技术专用车的研制、生产和销售。公司是业内综合实力最强、产品最丰富的企业，连续多年被评为重庆工业企业五十强。多项产品获得了国家重点新产品称号，是国家级重点高新技术企业。

九层之台，起于累土。据老员工回忆，当时中奇公司（迪马股份前身）在经济开发区租了一间6000平方米左右的厂房，就开始了在特种车辆制造领域的征途。

迪马股份的成长显然带着改革开放的烙印。1997年发生了很多大事，香港回归，重庆直辖。正是这一年，迪马股份创始人罗韶宇凭借敏锐的市场嗅觉，成立了中奇公司，开始进入防弹运钞车市场。值得注意的是，当时公司的第一个客户来自香港。

在中奇公司成立之时，防弹运钞车行业还是一块尚未开发的处女地。据当时国家信息中心发布的《"十五"期间中国专用车市场研究》预计，到2001年全国防弹运钞车需求量为9520辆，此后五年银行系统对防弹运钞车新增需求总量为5.6万辆，市场前景良好。

当时沿海地区的改革开放早已进行得如火如荼，但是在相对闭塞的西南地区，一切似乎才刚刚开始。改革开放的暖风吹进重庆这座山水之城后，人们的心态开始发生变化，很多人开始主动重新选择自己的岗位。

不过，作为一个工业城市，重庆拥有深厚的制造业底蕴，拥有大量优秀的技术人才。这亦成就了迪马股份早期的高速成长。实际上，6000平方米的厂房很快便不能满足需求，后来又租了个露天的场地，在非常艰苦的生产条件下赶做订单，而且一点都不影响产品的交付。

当时迪马股份各条业务线干劲都很足，销售人员积极开拓，生产车间的员工则拼命赶工。据老员工回忆，"当时中奇的订单很多，客户在公路上验车"。

为了改变场地局促的状态，建了新厂房进行生产。由于订单不断，新建的厂房很快又显得紧张起来。1999年1月，中奇公司再次扩大规模，整体收购（不含债权债务）了重庆柴油机厂旗下的重庆汽车改装厂。

1999年6月，中奇公司和重庆柴油机厂签订协议，收购了该厂总装车间的相关资产，包括土地使用权7697平方米，厂房建筑面积2605平方米以及相关配套设施等。通过此次收购，中奇公司1999年全年的专用汽车生产能力比1998年增加了760辆，销售收入比1998年增加了1.62亿元，增幅达162%。

也正是在1999年10月，"迪马"商标开始被使用。1999年4月，重庆汽车改装厂承接中奇公司资质申请，"渝城"牌运钞车等被列入《全国汽车、民用改装车和摩托车生产企业及产品目录》。1999年8月，中奇公司申请将相关运钞车商标改为"迪马"。

改革开放的红利

改革开放四十年，给很多行业带来了新的机遇，而迪马股份就是新机遇的既得利益者。

事实上，在改革开放之前，压根没有这样一个行业。当温饱问题还未完全解决，购买商品都要凭票供应时，对特种车辆的需求无从谈起。

1997年，中奇在嘉陵江边为香港一家银行制造了第一台样车，当时的工艺流程还颇为粗糙。幸运的是，正是在这一年，公安部和中国人民银行颁布了一个标准，为防弹运钞车开启了一个新的市场。

迪马股份的第一个机会来自于政策敏感性。因为技术储备和过往的资源积累，公司成立初期根本不愁订单，销售额攀升的速度类似于坐火箭，从600万元到6000万元，很快又到了一两亿元，连续三年就已经符合上市的条件。

对重庆汽车改装厂的收购于迪马具备特殊的意义。重庆汽车改造厂的厂房占地30亩，收购完成以后，迪马股份算是有了自己的厂房。不仅如此，成立仅两年的一家民企，收购了一家国有企业，更是让员工士气大振。

业务的高歌猛进离不开员工的群策群力。上述老员工告诉时代周报记者："当时加班是常态，大家都很拼。实际上从报酬的角度来说，即便剔除物价上涨的因素，当时的待遇还不如目前，但当时的干劲真的不一样。"

除了生产条件远远不如目前，待遇也远远不及目前，为何当时员工们的热情如此高涨？据了解，这跟当时员工的心态有关。譬如，有员工来自国企，希望比以前做得更好，才对得起自己的选择。

"我以前是铁饭碗，主动打破了自己的铁饭碗，选择了一个泥饭碗，肯定更珍惜自己的泥饭碗。"在离开之前，这位老员工在一家大型国有企业担任厂长助理，对于其间的心态变化有着深刻的记忆。

从收入来说，当时迪马股份的待遇要好过国企，但是部分老员工之前已经做到了国有企业厂干的位置，当时国企还有集资建房等福利，离开意味着不仅要放弃一种身份，也要放弃很多现实的利益。

不过，民企亦带来了一些清新的空气，上述老员工发现当时的民企和国企员工的精神状态很大的差异。譬如，当时其任职的国企，高管表面上工作也很繁忙，但是并不需要为结果负责。而到了民企之后，信息变得更为通畅，对外界发生的变化变得更加敏感。

迪马股份当时处于创业初期，完全不存在太多汇报的问题。从沟通机制来说，交代工作没有太多条条框框，也没有很多禁区。只要是上面交代的工作，都会想办法完成，部门之间的协同也很好。此外，在做事的过程中，可以充分调动各种资源。对个人来说，这意味着成长。在当时的国有企业，如果按照这种方式做事会被当成"刺头"。

就个人发展的角度来说，命运开始更多的掌握在自己手里。相比而言，国企更讲究论资排辈，很多人都是熬资历的心态。而在民企，可以将自己的职业成长与公司的发展有机结合在一起，发展顺利的话，可以预见职位和收入的升高。

实际上，对车间的基层员工也是如此。在没日没夜赶工的岁月里，碰到高管过来，有员工会开玩笑说老板你要多给点加班费。实际上，加班费和强度并不完全对等，更多都是员工心甘情愿的付出。

成长为行业龙头

2018年11月12日，迪马股份收到了一封来自珠海市公安局的感谢信，来信是为了感谢在珠海航展期间，迪马工业售后工程师对现场应急炊事车的积极调试和全程保障。在珠海航展期间，迪马工业的三辆应急炊事车保障了航展近3000名警力的一日三餐。

这是迪马股份在细分领域影响力的缩影。实际上，迪马已经成长为国内最大的防弹运钞车生产企业，是人民银行总行、公安部运钞车定点生产企业，是工、农、建、中、交等各大银行、邮政总局、农经系统等大单位的定点采购企业，"迪马"牌运钞车市场占有率稳居同行业第一。迪马在全国大中城市设有七百多个特约维修点，形成了遍及全国的营销网络、服务网络和信息网络。

对于迪马股份而言，2002年是一个值得纪念的年份。2000年，中奇公司完成股份制改造，重庆市迪马实业股份有限公司正式成立。2002年，迪马股份在上海证券交易所成功上市，股票代码为600565，发行2000万股，发行价15.8元/股，募集资金3.16亿元。

完成募资之后，南岸区政府批了170亩地，迪马股份又开始了新一轮的厂房扩建。

2005年，建筑面积10万平方米的迪马股份茶园厂区开始投入使用。迪马股份及时通过募资扩大生产，促使产品质量提升，生产速度加快，全国营销网络逐步建成。此时的迪马股份借助资本市场的力量，成为了国内行业龙头企业。

从最初租赁厂房，到收购30亩地搞生产，再到自建170亩生产基地，改革开放不断给迪马股份带来新的发展机遇，迪马股份也紧紧抓住机遇，在改革开放的大潮中实现自我成长。

迪马股份通过上市改善了公司的生产条件，扩大了产能，对于人才的吸引力和凝聚力更强了。一些社会招聘的职业经理人开始进入公司，迪马股份通过人才再来重新改造企业。

值得一提的是，迪马股份茶园厂区并非一下子就建成的。整整有三年时间，在不影响生产的前提下，一个车间一个车间的搬迁。最早搬迁的是钣金车间。当时的钣金车间只有一层蒙皮，冬冷夏热。据老员工回忆，没有一个人有怨言，因为比起重庆汽车改造厂的厂房条件又有所改善了。第二年将涂装车间搬迁时，原来的蒙皮中又加了一层保温层，变成双层了，有了隔冷隔热的效果。

防弹运钞车这个行业，是改革开放后出现的新的机会，恰好被迪马股份捕捉到了，并且享受了行业高速发展期的红利。

打造百年企业

对于机会的捕捉总有运气的成分，但运气往往属于有准备的人。

事实上，2005年开始，行业进入了平台期。特种车辆的机会是改革开放带来的，但是它的行业空间相对狭小，很快就碰到了天花板。

迪马股份进行了一系列动作，先后通过合资重组了重庆南方迪马专用车股份有限公司，整体收购深圳市达航工业有限公司，组建迪马北京子公司，建立西南、华北、华南三大产业制造基地。同时，秉承技术推动企业的经营理念，成立专用汽车研究院，拥有两百多名技术人员的研发团队，数百项专利技术。目前金融押运和通讯类车产品是全国市场占有率第一。

站稳国内市场的迪马股份并没有故步自封。由于特种车辆属于小规模定制化产品，要进一步扩大规模，还需要拓展海外订单。迪马工业有关负责人表示，按照供给侧结构性改革的要求，迪马股份已经以香港市场为跳板加快对海外市场的布局。

得益于迪马工业的提前布局，加上迪马防弹车质量过硬，产品很快获得了香港市场份额最大的4家安保公司认可。据了解，香港约有90%以上的银行，都雇用这4家安保公司进行押运。另一方面，这4家公司也是世界排名靠前的安保公司，业务遍布全球，迪马股份依托其市场渠道，就能顺利将产品卖到海外市场。2016年，迪马股份出口到美洲市场的40余台防弹车，正是这些安保公司牵线搭桥。

值得一提的是，迪马股份的危机意识很强。高管组织了一个学习俱乐部，每周都有读书会，参与者轮番上台分享心得。公司设立了一个培训中心，组织高管培训，向一些知名企业学习管理经验。此外，还会请专业的管理咨询公司过来，基本上每两年搞一次管理变革。

一位迪马股份高管告诉时代周报记者，迪马股份与三一重工有很多共性。三一重工的前身是始创于1989年的湖南省涟源市焊接材料厂，2000年成立股份公司，并于2003年登陆上交所，是我国民营企业的标杆之一。两家企业的共性是紧跟时代脉搏，把握产业政策，这让企业在创业初期就取得了辉煌的成绩。而迪马股份的遗憾在于，因为细分行业不一样，对国家发展的节奏感知不一样，导致了目前三一重工的品牌知名度与影响力更胜一筹。

上述高管表示，未来五年，自上而下会给予迪马工业更多资源，抓住整个国家的经济发展规律，争取能将迪马股份打造成百年企业。

华谊兄弟王中磊：二十四年走了很多人不敢走的路

吴怡

"二十四岁，本命年"

2018年，是华谊兄弟成立的第二十四个年头。在6月份第21届上海国际电影节开幕前夜，王中磊在电影发布会上的这句调侃，竟成了华谊兄弟今年坎坷经历的写照。

1994年，王中磊和兄长王中军一起创建了华谊兄弟。如今，华谊兄弟还是这对影视行业闯荡的兄弟操盘，只是江湖不再是旧日的江湖。华谊兄弟最早抢滩登陆深交所创业板，被业内尊称为"影视老大哥"，早年旗下的明星艺人撑起了影视圈半壁江山，董事长王中军的融资"朋友圈"包括马云和马化腾，与各路商界名人有着各种合作。

"华谊兄弟走了很多人不敢走

王中磊

的路。"王中磊接受时代周报记者专访时说道。在中国影视发展史上，华谊兄弟是最早与国外影视企业开启合作的民营影视公司，也是国内较早涉足移动互联网行业，以及最早开启大娱乐全产业链布局的企业。

华谊一直在试图扩大自己的版图，也一直处于探路与试错的边缘。而如今这些也将它置身于风口浪尖之上：市值大幅下滑、控股股东高质押等。

个体的挣扎，源于大环境的剧变。随着影视行业的高速发展和企业纷纷上市，大资本和互联网对产业的渗透力越来越强，影视圈早已不是当初那个依赖于熟人圈子拉资源和投资的"认脸"江湖，行业的合作制度与生产模式在不断重构。置身于巨变之中，传统民营影视企业的自我成长与认知也在更新，对产业界限的探索不得不跟上时代的步伐。

回首这二十多年来对于影视行业最深的感触，王中磊说道："市场化规则的建立与完善，是改革开放四十年来中国电影产业发展的主线。时代的发展赋予了中国电影及影企很大的机遇，它们体现在政策、市场及资本等多个方面。"

1994年华谊公司成立庆祝派对

❝ 华谊的兄弟

此前舆论围绕着"华谊到底还有没有兄弟"分成了两派，"兄弟"二字在华谊的成长史上确实分量不轻。

"最早是我们把华谊广告公司加上了'兄弟'两个字，好像从那一天起，我开始逐渐了解到中军所谓'运作公司'的一些含义。其实长久以来，我们都在经营三样东西：团队、品牌和资本。"在王中磊看来，"兄弟"已经不仅仅是指他和兄长王中军，更是拥有一支精干高效的团队和稳定的资本关系网。

在中国现当代电影史上，"华谊兄弟"这个名字几乎是一个时代的烙印，即使不了解电影的人，也大概听说过这个名字。二十四年的电影历程，三百多亿元票房，一百六十多部电影，《天下无贼》《没完没了》《集结号》《风声》《一九四二》《唐山大地震》《老炮儿》《芳华》等一系列经典的影视作品，都有着"华谊兄弟"的印记。

在采访过程中，王中磊聊起了不少创业时期的故事，他一直站在华谊兄弟的"一线"位置。相比于兄长王中军豪放敢言、爱好艺术收藏的娱乐大亨形象，他更像是一位兢兢业业的职业经理人。

20世纪90年代初，国内的影视产业还掌控在国营制片厂的手里，不过改革开放的春风已经松动了影视业市场化的土壤。拥有丰富的资源和人脉的京圈"大院子弟"，是早年中国影视行业的拓荒者。

同为"大院子弟"的王氏两兄弟，也希望撬动这个影视圈的资源，他们找到了刚在电影业界崭露头角的冯小刚。"1997年的时候，一张《甲方乙方》的海报让我对电影产生了浓烈的兴趣，当时就很想认识冯小刚导演和电影界的人。"后来，王中磊在另一部电影《不见不散》首映的后台认识了冯小刚，1999年双方合作第一部电影《没完没了》，正式开启了影视投资的大门。

其实在1998年，华谊兄弟电影办公室才刚组建起来，王中磊从公司挑选出四个年轻人，开始琢磨电影制片发行，就这样简陋地起步了。"刚接触做电影那会儿，大环境和现在不一样，社会上没有什么人做电影，也没有多大的把控能力。"

1999年电影《大腕》探班

两个亲兄弟的创业，在外人的眼里看似形影不离，其实分工明确，"主内"的王中磊更多的是负责具体的执行，影片生产以及公司管理等台前工作，而兄长王中军则隐身幕后，负责公司大方向上的战略布局、对外筹措资本和凝聚资源。

早期的电影江湖主要是制片人中心制的模式，人情关系网起到非常重要的作用，犹如一根绳子将创作人、演员和资金等串联起来，民营影视公司的制片人靠此聚集影片的创作班底。那段时期，王中军曾说过，决定人生好与坏，交朋友是最重要的一条，甚至抛出"交朋友是第一生产力"的论断。

金句频出的王中军，其实对于资源的整合能力和资本的运作能力更是为业界称道。他对于影视行业发展规律的洞悉，也使得华谊兄弟在每一个关键的节点都踩准了时代的脉搏。2007年前后，在海归风险投资推动创业公司赴美上市兴起之际，华谊却逆流而行选择个人投资者，并在2009年抢滩登陆深交所创业板，成为内地"民营影视第一股"。

在马云为数不多以个人名义投资的项目中，华谊兄弟算是一个。上市前，王中军极力说服马云掏出600多万元接手TOM集团退出的股份，成为华谊兄弟的股东之一。其后通过马云介绍，王中军又拉来了江南春和鲁伟鼎等商界风云人物，成为新的合伙人。有了这些顶级投资团的助阵，华谊兄弟从此开始新的资本征程。

上市也让华谊兄弟这类传统民营影视企业从手工作坊式的生产模式中脱胎换骨，逐渐建立起规范化的现代公司管理制度。"回顾华谊兄弟的发展，我发现公司所有的企业文化形成和战略布局基本上都是在上市筹备期后才开始成形的。"也正是从那个时候起，王中磊才真正明白如何去做一家面向公众的企业。

▌ "一定不能只做电影"

在影视圈内，华谊兄弟从来不是一个安分守己的角色。它总是野心勃勃，早年号称要做"中国的华纳兄弟"。

国际娱乐巨头华纳兄弟，最初也是由四位犹太裔兄弟以影业起家，后来经过多年的合并与收购，成为全球最大的电影和电视娱乐制作公司之一。王中军大胆预测，中国影视未来肯定也会朝着产业化方向发展。上市前，华谊就借助积累的原始资本展开了一系列外向型扩张。

2000—2009年期间，华谊兄弟接连收购了多家经纪公司、影视音乐企业，甚至涉足影院领域。鼎盛时期，华谊兄弟旗下签约艺人超过100位，支撑起大陆地区影视明星圈的半边天。其主营业务电影、电视、艺人经纪所组成的三驾马车，也几乎成为当时中国影视公司的业务架构模板。

不过，经过十余年的扩张，华谊兄弟发现，如果单做泛影视内容业务，永远也无法把盘子做大，尤其是在瞬息万变的中国市场，一旦无法做大做强反而会被资本吞噬。王中军甚至抛出一句"只把自己定位于影视公司是不会有未来的"。

华谊兄弟不惜亲手自我革命。早年，华谊兄弟是以广告业务起家，并以此积累了创业第一桶金，随后从广告转向影视，迅速实现第一次企业转型。上市，是华谊兄弟等来的第二次重要契机。

政策的东风将华谊兄弟推到了时代的前头。就在华谊IPO上会申请获得通过的前一天，《文化产业振兴规划》被审议通过，其中提到，"支持有条件的文化企业进入主板、创业板上市融资，鼓励已上市文化企业通过公开增发、定向增发等再融资方式进行并购和重组，迅速做大做强"。

彼时，有业内人士分析称，华谊上市对资本市场来说，不过是增加了一家中小型公司，但作为国内最大的民营影视制作集团，这一事件对我国文化产业发展尤其是民营文化产业发展具有里程碑式的意义。这意味着，随着影视公司走向成熟，行业发展开始迈入资本化的新阶段。

就在华谊刚刚敲开资本市场大门，王氏两兄弟却在公司内部宣布了一个令人讶异的决定。"从今天开始华谊兄弟去电影单一化。"后来在多个公开场合，王中军再解释当时的情形，"这个话其实我想好了也没有想好，但是我冥冥中感觉到，华谊一定不能只做电影"。

上市后，华谊兄弟开始迫不及待进行"内容+渠道+衍生品"的全产业链布局，并在影院、游戏、实景娱乐等板块有所尝试。华谊正式开始布局"去电影单一化"战略，是在2014年公司成立二十周年的时候，它宣布"新三驾马车"战略，并将旗下子业务整合成影视娱乐、互联网娱乐、品牌授权与实景娱乐三大板块，2017年又将产业投资设立为第四大板块，投资与并购主要集中于影视、互联网、旅游地产、院线等具有协同效应的领域。

"上市，让我们有了资本进行规模化和产业化的布局。"不过，也正因为那句颇受争议的"去电影单一化"，成为后来华谊兄弟"不务正业"、业绩下滑最致命的"罪证"。王中磊不得不多次解释，"去电影单一化其实是指去电影利润贡献的单一化"，公司希望把盘子做大，撑起更高的市值，往国际传媒巨头的方向迈进，同时抵御电影市场增长期红利消退后的潜在风险。

2009年华谊上市，王中军（右）与王中磊（左）

撕掉"传统"的标签

如果说在改革开放前三十年，市场化的竞争状态之下，民营影视企业是跟国有影视集团"抢话语权"。那么进入到2012年，传统影视企业更大的竞争对手反而是互联网企业，双方围绕着市场和受众展开博弈。

本来按照构想，上市后的影视巨头将依靠资源积累实现版图再度扩张，并向"千亿市值"迈进，真正的影视大鳄从中诞生。没想到的是，在这个关键点上，拥有更强大资本的互联网企业闯了进来，重构影视行业的生产和消费模式，打破了江湖的平静。他们相互交缠、相互依赖，却又难免明争暗斗。

2014年，上市后的华谊兄弟推出"新三驾马车"战略，其中包括互联网娱乐，并宣布定增36亿元，投资方为阿里巴巴、腾讯以及中国平安，前两者同样增持股份至8.08%，中国平安则占股达到2%，由马云、马化腾、马明哲组成的"三马"顶级投资团，将华谊兄弟推到了聚光灯之下。

华谊兄弟选择两大巨头阿里巴巴和腾讯作为股东，不仅是看中它的资本号召力，更是考虑到公司在互联网方面的延伸和布局。

早在2014年，华谊就比其他电影公司更早意识到在线选座可能对行业引发的革命。"票务平台不仅只是电影销售的手段，还会跟电影创作、营销活动等深入结合，抛弃旧有的发行模式，让影片通过在线O2O的平台进行传播并转化票房。"王中军认为。

当时华谊斥资2.66亿元收购了卖座网51%的股份，发展影院在线选座购票业务，试水O2O。很多人并不理解华谊兄弟这个决定。

"卖座网对华谊兄弟有更大的意义，（它可以帮助）我们怎么理解互联网公司人的思维，他们的运营方式是什么样的？"王中军想摆脱民营影视企业身上"传统"的标签，当时华谊兄弟内部的发行部门还考虑全面转向O2O化。

在影视企业积极互联网化的同时，互联网企业也全面进军影视业。在票务平台的烧钱大战中，阿里系的淘票票和腾讯系的猫眼最终胜出，变成如今的双雄争霸，两者也实现了当初华谊兄弟对于票务平台的构想：从售票到宣发，再到投资。

在票务平台上受挫后，华谊开始收缩互联网业务。颇有家族企业色彩的华谊，尝试引进职业经理人。2016年，叶宁加入担任电影总经理，华谊逐渐减持了游戏公司的股权，回收资金再次聚焦影视主业。这一次，它的目标更精简：做好影视内容，打造工业化影视IP，发展线下实景娱乐。不过，在互联网的发展上它还是有遗憾的。

今年，视频网站爱奇艺和哔哩哔哩登陆美股，猫眼也赴港上市。王中磊接受采访时谈及，前几年华谊兄弟的资本能力一度比较强，但错过了互联网平台方面的投资。"当时其实应该用更大力度去做互联网的平台，比如说视频网站、电影票务平台。"

❝ 寻找安全感

华谊的遗憾，也是传统影视企业的发展瓶颈。

在中国电影转型期，内容方和渠道方合二为一大势所趋，院线、票务平台、视频网站等都参与了影视投资制作，与传统影企分一杯羹。另一方面，导演制片人中心制的模式逐渐被消解，新电影人纷纷从传统影企跳脱出来，成立独立的工作室，开发运营电影项目，甚至与各类金融机构和互联网平台保持着密切联系，开创新独立制片时代。

行业生产模式的重构，也使得传统影视企业影片生产链上的优势在消退。国内影视行业并没有按照人们预想的轨道提前走进垄断式的巨头时代，反而迈入了多种力量相抗衡的战国时代。

对于当下民营公司来说，如何在经营管理中选择和改进商业模式，实现规模化和专业化，释放企业的整体价值引发思考。而只有那些能够整合内外部优势资源、符合战略规划且具有可持续增长能力的商业模式才具有真正的竞争力。

"实景娱乐"战略成为了华谊兄弟的突破口。早在2010年，华谊兄弟就开始大举布局线下的实景娱乐，其背后不仅是对于稳定现金流的渴求，更是希望建立起影视全产业链的商业模式。

华谊兄弟这样构想，中国如果在20个核心城市，都有旅游小镇、电影公社，每年如果有6000万游客，就会有100多亿元的门票收入，这个现金流和利润的稳定性，可以帮助华谊兄弟上一大台阶，那时候真正的迪士尼模式就出来了。

不过，王中磊明白，品牌才是华谊的价值，内容仍然是核心。"在这二十多年中，华谊兄弟也做了很多业务板块，为了使企业生存能力、盈利能力更完善，但最重要的永远是内容核心。无论何时，企业都要对内容有所敬畏。"

今年整个影视生态迈入了新的阶段，行业步入冷静期，呼唤优质内容的回归。与此同时，资源的集中化程度也在不断提升，从散到合，洗牌加速。短期之内，内容生态建设薄弱的互联网企业，影视制作难言优势。而传统影视企业二十多年的内容积累成了最核心竞争力，并以此加快产业链延伸。双方在赛跑，也在相互交融。

至于华谊兄弟，如何真正实现影视内容与实景娱乐双轨并行，面前还摆了不少道坎。

"从业多年来，我一直在艺术与商业之间寻找平衡点。"王中磊说道，回归到行业来说，中国电影在发展的过程中也有不少需要沉下心来思考的地方，不能只单纯追求电影票房和电影数量，更不能沦为逐利的工具和提供炒作话题的机器。

博纳于冬：市场化改革带给博纳最重要的机遇

吴怡

在2018年4月份的香港金像奖颁奖典礼上，于冬上台领奖了。

本届获奖的最佳影片是《明月几时有》，作为幕后制片人的博纳影业CEO于冬为此而登台。

当然，他对于卧虎藏龙、英才辈出的香港影业并不陌生。"今年五部提名影片中有四部是博纳影业制作发行的。在过去十多年时间里，博纳与香港的电影人合作了超过两百部影片。"

这些数字，给了于冬底气。他站在台上，手握着金像奖，目光望向台下的众星，不知道他是否会想起：17年前，在一个论坛上，还是无名之辈的于冬向"香江才女"施南生递上了一张名片，后者当时已是寰亚传媒的执行董事。从此于冬的人生轨迹发生了转折，他叩开了香港电影的大门。

弹指间十余载，曾经一名发行小推销员变成了国内影视企业大佬，博纳从仅有五人的办公室变成了坐拥近三千名员工的大集团，于冬自始至终都是这个励志故事里的主角。有了他，才有了博纳后来的一切。

"这么多年来，我试过了错误的投资，也有失败过，看错过，经过检讨，我觉得一切还是用人的问题，一旦欲望膨胀，只顾到赚钱，越容易出错，在这方面我也交过好多学费。"于冬告诉时代周报记者。

目前仍然活跃在电影行业一线的公司创始人中，于冬是为数不多的一个。

"我们这些人都是有理想的，我的经历就是中国电影发展的缩影。"他笑称，改革开放四十年，这一代人的创业值得书写，尤其是冲破体制的一代民营企业家，博纳要讲述当代人的故事和情感，这是电影承载的使命。

❝ 白手起家

跟香港影业界大亨教父式的强大气场截然不同的是，于冬总是笑眯眯，给人亲近谦卑的感觉。导演冯小刚评价过于冬，"外表忠厚，内心不安，他总把'不能跟人家剑拔弩张，这样没朋友的'挂在嘴边"。

这或多或少与于冬早期摸爬滚打的创业经历有关。博纳的故事要从1999年讲起，一家简陋的办公室，三十万块的创业启动资金，其中二十多万还是从亲戚那里凑来的，于冬就这样白手起家了。

那时候，影视发行看起来并不是一门好生意。中国内地的电影行业停滞不前，电影制片权和发行权掌控在国营制片厂手里，年度票房始终徘徊在10亿人民币以下，1998年电影票房甚至达到最低谷。在过去很长一段时间内，内地电影的发展始终伴随着意识形态的变革。

"在我入行的90年代，中国电影一直在讨论电影商品属性。长达十多年的市场低谷，使得整个电影行业出现了严重的滑坡，生产力低下，票房成绩低迷。"于冬回忆。

而在平行的时间线上，另一边却是别样的景象。20世纪八九十年代，有着"东方好莱坞"之称的香港，电影产业发展如火如荼，那时候电影以录像带的形式传入内地，以播放港片为主的录像厅散落在大街小巷，周润发、周星驰、林青霞、王祖贤等港产明星成为无数年轻人的偶像，香港邵氏电影和新浪潮导演也影响了内地年轻一代的电影从业者。

内地电影行业的改革迫在眉睫，于冬恰是在这个转折点闯了进来。北京电影学院管理系科班出身的他，毕业后曾在北京电影制片厂工作过，而后又在中国电影集团公司负责影片发行，这些经验和资源为他日后的创业打开了一扇门。1999年，北京博纳文化交流有限公司诞生。

在业界，于冬有"拼命三郎"之称，早期为了搭建院线的宣发网络，他跑遍全国各大城市，在酒桌上搞定了很多生意。导演陈凯歌曾担忧地戏谑道："于冬啊，你每天背着个拷贝，到了哪都是一顿大酒，你这弄不好叫'推销员之死'。"

于冬却从没想过放弃，反而觉得这是一种锻炼。"在卖拷贝时，我走遍大江南北，交了很多好朋友，也锻炼了自己的意志力、忍耐力。"就这样，于冬一砖一瓦砌起了博纳的筋骨和血脉。

2002年，博纳成为第一家获得电影发行经营许可证的民营公司。在那个电影资源垄断在国有制片厂的年代里，博纳手握着的这张许可证有着划时代的意义。早在1979年内地就开始了改革开放的征程，而中国电影，尤其是电影行业的市场化改革直到2000年左右才开始。

回顾电影行业的改革，两个重要的时间节点值得铭记。2000年，中央文件《关于制定国民经济和社会发展第十个五年计划的建议》第一次正式使用了"文化产业"这一概念。2002年，党的十六大提出文化体制改革的总体思路，将电影明确定义为"可经营的文化产业"。

"面对21世纪全球化的国际语境，国家管理层也在积极思考包括电影在内的文化在新世纪的新的定位，寻找新的发展思路和空间。"于冬告诉时代周报记者。

这一次的电影产业改革给博纳带来了最重要的机遇。一方面，制片权从制片厂扩展到民营公司，后者被允许独立拍片；另一方面，政策允许民营公司发行国产影片。

随后，以博纳为代表的民营影视企业开始活跃于第一阵线，用自身的实力一点点地争取受众、市场，乃至话语权和领地，拉开了内地电影行业市场化改革和繁荣发展的序幕。

"我的名字被香港电影界认识了"

直到今天，已身为国内影视巨头掌门人的于冬，仍将两人视为终身学习的对象：一是于冬在北影工作时的厂长韩三平，也是影视圈举足轻重的"韩三爷"；另一位则是安乐影业的江志强。

"江先生做发行出身，后来又做制片人，和我的出身有点相似，他又能把电影向国际化发展，很值得学习。"于冬对其表示赞赏。

江志强所掌控的安乐影业在香港占有一席之地，也是较早进驻到内地电影市场的香港企业。1997年以来，安乐影业率先掀起了内地和香港电影合作的风潮，其中合拍片《卧虎藏龙》更是荣获奥斯卡最佳外语片奖。"香港回归之初，很多人并不看好内地电影市场，但我始终坚信内地的潜力。"江志强说道。

香港的电影巨头"盯上"内地庞大的市场，而于冬决定反其道而行之，让博纳主动走到香港去。说来也是机缘巧合，2000年合拍片还没盛行，香港资深电影人文隽找到了博纳给影片《我的兄弟姐妹》做发行，没想到的是，这部低成本电影的票房收入竟然最终拿下了两千万。

"经过这一役，我的名字被香港电影界认识了，我就正好趁此机会和香港电影公司紧密联络，展开合作部署。"于是，便有了于冬向施南生递名片那一幕。

在于冬的创业生涯中，施南生是一位得力的"助攻手"。她一度在博纳高层任职，为博纳争取到了多部优质香港影片的发行权，其中包括《无间道》。2008年，博纳影业集团成立海外发行公司，则是由施南生来执掌。

"搞发行，信任和信用是非常重要的。"于冬一直记得施南生这句话。为了能给香港电影公司交出清晰的票房报表，他采取了最吃力的"老办法"：一家一家戏院作出统计。

彼此的信任就这样积年累月建立了起来。当时，博纳只是一间规模很小的公司，但香港的影视巨头英皇、寰亚等也会分给博纳一杯羹，甚至重磅的影片也拉上博纳一起发行。

于冬也善于处理与香港电影公司、合作导演之间的关系。"电影是人的生意，导演及电影公司都是人，大家合作，不但要懂得退让，还要懂得回报。"

随着内地市场化改革推进迅速，大量资本和资源涌入，香港电影人开始纷纷成立自己的制作公司，北上内地发展渐成趋势。博纳敏锐地把握住了这些北上的香港导演，包括武侠片大师徐克、文艺片导演许鞍华、香港商业片教父王晶、警匪片新宗师林超贤等。

事实证明，博纳通过合拍片把风格化的香港电影资源引进内地，这种策略不仅解决了博纳在影视制作层面的短板，也让博纳在与其他民营影视企业的博弈中脱颖而出。那时候，华谊兄弟和新画面影业麾下分别有冯小刚、张艺谋两大"票房吸金利器"坐阵，不容小觑。多番交战，博纳总算站稳了脚跟，并与两大公司平分秋色。

2003—2008年，80%的香港电影通过博纳影业在内地上映，博纳也参与了多部影片的制作，延续了港片的生命力。于冬善于挖掘优秀的新人导演，其中包括麦兆辉和庄文强这对组合。《窃听风云》系列影片，就是出自于两人之手。今年国庆节档期热映的《无双》，则是庄文强的新作。

事实上，《无双》的故事大纲早在2008年就已经完成，直到遇到于冬，才有机会被搬上荧幕。"我写了很多故事，很多剧本，但没有人投资。这么多年一直如此。也不知道为什么每次都是于老板投资，他真是比较大胆。"庄文强接受媒体采访时感慨。

难怪有评论说，如果没有博纳影业，近十年的香港电影恐怕会失色一半。"是香港电影成就了我，我也开辟了香港电影在内地的市场，成为最坚固的基石。"于冬说道。

艰难的决定

十一年的时间，一路狂奔，博纳成为行业内的佼佼者，也顺利成为被资本挑中的"幸运儿"。2009年，摆在它面前的有两条路：一是选择海归的风险投资到美国上市；二是接受互联网资本或者机构投资，在国内A股上市。于冬选择了前者。

2010年，博纳以傲视群雄的姿态登陆了美国纳斯达克，这是首家登陆海外资本市场的内地民营影视企业。敲钟当天，于冬意气风发地谈论着博纳的"美国资本梦"，影星巩俐和"事业恩人"施南生在侧，这一幕被镜头记录下来。

"博纳做到了第一个，也希望做到最好。"于冬毫不掩饰自己的野心。对于上市后的路，他这样设想：当年背着一个包，一个个敲开香港公司的大门，如今也同样，继续去一个个敲开好莱坞的大门。

然而，事情并没有按照原本构想的轨迹走，这家中国影视企业受到了海外资本的冷遇。上市首日，博纳股价即遭破发，较发行价下跌22.59%。此后五年，博纳虽然没有一个季度是不盈利的，但从美股市场融资总额不到一亿美元。

"从来没有分析师和投资人关注，没有资本来找你。"于冬的无奈溢于言表，"博纳像一个被丢到美国的孤儿。"

在那段时期，博纳只能依靠项目滚动项目的方式自我输血，以保证业务的正常运转。最让于冬痛心的是，博纳错过了国内影视股最热闹的五年，市值被竞争对手远远甩在后面。2015年，同期在A股上市的华谊兄弟市值超700亿元，光线传媒市值超610亿元，而博纳影业的市值仍停留在50亿元左右。

"反而当时没有出去的这些公司，没有被资本看好的公司后来居上，迅速扩张、发展壮大。"于冬满是遗憾多次提及，如果当初是他先遇到了马云，可能现在在A股上市的是博纳，命运可能就跟华谊兄弟对调。

可惜，没有如果。在创业的路上，并不是每一个抉择都必定会正确。当做出错误的决定时，如何力挽狂澜将企业拉回正轨，又是考验一个企业家魄力的关键时刻。

2015年，中概股掀起了回归A股的狂潮。于冬开始犹豫：博纳究竟要不要回来？博纳已经被耽搁了五年，下一个五年乃至更长远的未来怎么走？公司的命运再一次掌握在于冬的手里。

有了上次的教训，这次于冬显得分外谨慎。"当时A股股票疯涨，等我再回来重新上市，恐怕这样的高潮点会过去，能不能再耐住寂寞等下一个窗口期？这是一个长期的考虑，不是跟一波的风。"

红杉资本中国创始合伙人沈南鹏的一番话让于冬有所触动。"回来了不一定追得上，但是在资本这么看好这个行业的时候，再不下决心做，博纳以后可能就没有机会了。"

真正刺痛于冬神经的是，2014年底《智取威虎山》的上映，这部高口碑的影片取得不错的票房成绩，但博纳在纳斯达克的股价却一直在跌。

于冬决定，不等了。2015年底，博纳回A正式启动。2016年，博纳以8.6亿美元（约合55亿元人民币）完成私有化，从纳斯达克退市。2016年12月和2017年3月，博纳先后完成了两轮融资，估值近160亿元。

博纳影业的私有化以及融资财团包括：阿里、腾讯、中信证券、复星国际、红杉、软银赛富等，马云、马化腾、郭广昌、沈南鹏、阎焱等明星企业家组成了一个耀眼的买家团。

为了继续融资，博纳"舍身割肉"。2017年5月，万达院线（万达电影的前身）宣布以人民币3亿元入股博纳影业，持股1.875%。双方达成的协议包括，博纳影业旗下新增博纳影院（包括新建或收购）及原协议已期满的开业院线则将加盟万达院线。万达电影是国内第一大影视企业，博纳与万达联姻的同时，也借机整合旗下的院线资产和业务。

资本也给予博纳足够的耐心。"我已经做好了等三年的打算，我们的股东也愿意陪我们一起慢慢排队。博纳的估值不高，而A股的壳不便宜，与其为了买壳而稀释股份，不如通过IPO上市。"于冬曾表示，博纳影业回归A股不会选择借壳方式，而是老老实实排队。

2017年10月，博纳影业在证监会官网上披露了IPO招股书。2018年以来有四家影视企业都相继撤回了IPO，部分企业因为业绩下滑与申请之初差距较大而被劝退，博纳成为唯一留下继续排队的影视企业。

眼下，正是博纳影业从美股走向A股的关键三年，于冬正带领着整个集团在两大资本市场轨道之间切换，以摸索出更适合公司发展的路径。

"以前没钱的时候我知道怎么腾挪，钱多了之后，也要有更大的布局。我跟马云、沈南鹏学到了，一个企业家不能坐在屋里看地图，还要站到听得到炮火的第一线，身先士卒。"

与互联网共生

退市后的博纳影业，回到了国内的资本市场重新博弈，只不过时过境迁，融资环境变了，行业生态变了，连同竞争格局也变了。

在博纳"被耽搁的五年"里，早早登陆资本市场的光线传媒通过广泛的股权投资，总共参股控股了数十家公司，其中包括天神娱乐、新丽传媒和猫眼文化。事实证明，这些股权投资让光线传媒在资本寒冬的这两年，可以通过减持或转手资产套现，储粮过冬。而华谊兄弟也曾一度成为资本的宠儿，市值逼近千亿，并借势抢先在全国各地发展实景娱乐，试图把影视产业链扩大，对标迪士尼。

对手日渐强大，而影视行业的竞争，也不再局限于这几家传统影视巨头的厮杀，以BAT为代表的互联网资本掀起了新一轮的淘汰赛。

2014年是文化产业并购的井喷年，跨界、融合、颠覆成了关键的热词。据不完全统计，这一年，文化产业共发生并购事件159起，并购总规模达千亿人民币，影视传媒等传统行业成为了互联网企业眼中的"猎物"。

于冬觉察到了行业水温的变化，他对不差钱的互联网企业的渗透力是有所忌惮的。"当时整个行业都被互联网的强势进入打懵了，IP、流量、大数据等概念甚嚣尘上，号称互联网扫过的地方无人烟。"

在当年的上海国际电影节上，于冬更是抛出了一句"电影公司未来都将给BAT打工"的定论，语惊四座。今年再谈及这个话题时，于冬却改口称，这几年中国电影产业的快速发展，离不开互联网资本和互联网电影对于产业营销方式、使用方式、传播方式的变革。"应该看到它们好的一面，所以博纳也是主动拥抱了互联网。"

曾被于冬视为"野蛮人"的互联网企业，变成了博纳的盟友。2016年，阿里、腾讯参与了博纳的私有化并共同领投了A轮的融资。2017年博纳公布的招股书显示，浙江东阳阿里巴巴影业、林芝腾讯科技有限公司为博纳的第三、第六大股东，分别持股8.24%和5.17%。

博纳在退市回归A股的过程中，引入阿里、腾讯这一步棋想必也是经过深思熟虑。两家公司没有做到绝对控股，博纳不仅不会如于冬曾经所言"为BAT打工"，反而能够获得更多资源和渠道。阿里影业旗下的淘票票在2016年获得17亿元融资，博纳影业是跟投方。

于冬重新定位互联网企业为产业升级者。"这几年来互联网巨头进入（影视）行业之后并没有离场，而是开始在这里生根，包括搭建生态系统的基础设施建造，比如说售票系统、营销平台，以及对内容产业的深度挖掘。电影公司和互联网之间是合作关系，谁也离不开谁。"

博纳学会与互联网企业共生，并用它们的互联网思维来改造传统电影。在排队等待上市的同时，博纳影业也在不断嗅到时机做出改变。2018年5月份，于冬出现在"2018年爱奇艺世界·大会"的"中国网络剧发展高峰论坛"上，并宣布博纳影业将与爱奇艺联手打造首部网剧《谜失黄金城》。这标志着博纳影业开始涉足网剧领域。

"所幸，互联网资本对电影产业犹有敬畏。如果互联网在前几年以高于行业一倍甚至两倍的价格，把所有的好导演、好编剧、好演员全部签约，在一年之内做完整合，那么战斗就结束了。"于冬坚信，现如今依然是内容创意产业电影公司的竞争。

与其他影视公司"另谋出路"相比，博纳选择继续在影视上深耕。"博纳下一步的目标是做出更多影视精品，在夯实电影模块的基础上，在电视剧、网剧方面发力，深入国际合作。"于冬告诉时代周报记者。

主旋律结合商业

在类型片发展还不成熟的中国，博纳逐渐摸索出自己的生存逻辑和延展空间——博纳主旋律类型大片。

国内影视市场奉行的是，"类型就是市场，市场就是观众"，一旦某种题材的影片大热，容易受到盲目的追随和效仿。在轻喜剧类型的商业电影占据市场，国有电影制片厂全面改制的今天，博纳影业尝试把主旋律电影和商业结合起来，并挑起大梁。

近几年，博纳出品了一系列电影，从《十月围城》《建军大业》《荡寇风云》《明月几时有》到如今的"山河海三部曲"《智取威虎山》《湄公河行动》《红海行动》，逐渐形成稳定的历史、时政题材类型片制作水准，尤其是今年春节档的电影《红海行动》口碑和票房双赢。

　　"一直以来，博纳影业在如何把主旋律电影拍得叫好又叫座上面下了很大功夫，也做出了成效，逐渐在观众中建立起了'博纳主旋律类型大片'的品牌认知。"于冬向时代周报记者强调，这些"新主流大片"成功地把"家国情怀"主题和商业美学结合起来，可以实现社会效益和经济效益双丰收。

　　其中，《智取威虎山》《湄公河行动》《红海行动》三部影片分别拿下了8.81亿元、11.83亿元、36.50亿元票房，《明月几时有》更是获得了2018年香港金像奖最佳影片的荣誉。

　　主旋律并不等于没有市场和票房。"我们一开始也想避着'主旋律'几个字走，好像'主旋律'就等于没票房，但后来我们想明白了，主旋律电影有没有市场、受不受欢迎，关键还是看你怎么拍。"黄建新说道，他是博纳多部影片的制片人、监制。

　　博纳从刚开始挖空心思将主旋律主题装进商业类型片的壳中，到如今已经形成一套稳定的创作班底和拍摄逻辑。

　　作为影片制作人的于冬认为，电影首先要有合适的团队，组织好这个班底是制片人最重要的工作，尤其是现在拍电影，投资越来越大，风险也越来越高，电影需要在创作上精雕细琢，制片人也要融入创作，不仅仅只是攒局拉投资。

　　他善于调兵遣将，黄建新、刘伟强和林超贤三位导演是撑起博纳主旋律大片的支柱，而于冬往往是一个把控全局的角色，从内容的过审到最后能够执行到位，以及对投资人负责。

　　"这么多年来，我试过了错误的投资，也有失败过，看错过，经过检讨，我觉得一切还是用人的问题，一旦欲望膨胀，只顾到赚钱，越容易出错，在这方面我也交过好多学费。"于冬告诉时代周报记者，现在自己在投资上需要有95%的把握，项目开始之前就充分想清楚。

　　目前仍然活跃在电影行业一线的公司创始人中，于冬是为数不多的一个。"我们这些人都是有理想的。"他笑称，改革开放四十年，这一代人的创业值得书写，尤其是冲破体制的一代民营企业家，博纳要讲述当代人的故事和情感，这是电影承载的使命。

"进入新时代，中国电影的使命体现在要感国运之变化、发时代之先声，通过电影传达文化自信，也是我们新时代电影人责无旁贷的努力方向。"

百胜中国故事：伴随一代中国人成长

梁耀丹

1987年，改革开放的春潮渐涨，位于北京天安门附近的前门大街日渐繁荣，成为了北京市客流量最大、最繁荣的地段之一。也正是这一年，肯德基在这条街上开张了在中国的第一家餐厅，这成为了百胜中国的起点。

"肯德基诞生在改革开放之初。它带来的不仅是原汁原味的西式风味和快餐体验，而且还成为国人了解外国文化的窗口。北京第一家前门肯德基因此成为了当时北京城里的'网红店'"。百胜中国首席执行官屈翠容向时代周报记者回忆。

肯德基是中国消费者最早接触到的外国品牌之一，随后，必胜客也很快进入中国。这两个隶属于Yum! Brands的品牌伴随了整整一代中国人的成长。到了今日，百胜中国从一家肯德基门店发展为在中国拥有八千多家门店餐饮帝国，从隶属全球企业Yum! Brands的分部摇身变为独立上市的中国公司，这家传奇餐饮帝国在中国的故事仍在不断延续。

"自1987年肯德基成为第一个进入中国的西式快餐品牌开始，经过三十一年的实践和发展，百胜中国乘改革开放的东风，不断创新而发展壮大。百胜中国于2016年11月1日从Yum! Brands独立，并在纽约证券交易所成功上市。一家跨国公司在中国的业务量一度做到公司全球总业务量的一半，之后又分拆独立上市，这在外资企业中，是目前仅有的一例。能取得如此成功，与中国在改革开放中取得的高速发展密切相关。"屈翠容表示。

❝ 起点

肯德基是美国人哈兰·山德士创建的炸鸡连锁品牌。这位六十二岁重新创业、满头白发的老爷爷的形象，成为了肯德基进入中国后最具标识性的品牌符号。1977年，肯德基被百事集团收购。1997年，先后又收购了必胜客（Pizza hut）和墨西哥比萨饼品牌塔可贝尔（Taco Bell）的百事集团将餐饮业务分离出去，这就是全球最大的餐饮集团百胜（Tricon Global，现改名为Yum! Brands）的由来。

但在中国，起初这家洋餐厅的未来并不被看好。

肯德基最初是以中外合资的形式引入中国的。1987年至1992年，原北京市畜牧局副局长夏觉任北京肯德基有限公司首任董事长。在后来的访谈中，夏觉曾回忆道："牧工商总公司没投钱，对和肯德基合作不太看好，觉得一个小炸鸡有什么了不起啊。"所以就只同意将以前自己引进的炸鸡设备，作价35万元当投资入股。

后来，夏觉找到了北京市旅游事业管理局参股100万元，又找到当时的中国银行北京分行贷款150万，加上美国肯德基公司和百事集团提供的费用，中国第一家肯德基餐厅总算在1987年11月12日开业。这家占地1460平方米、共有三层楼的门店，也成了当时全世界最大的快餐厅。

刚开业那天，北京的天下着小雪。当天上午，开业的时候还没有什么人。到了下午，到店里光顾的人却出乎意料地变多。排队的队伍在店外绕了一圈，最后，工作人员不得不求助警察来维持秩序。

第二天，《人民日报》右下角用竖版的形式发了一条小简讯：《肯德基家乡鸡快餐店在京开业》。

第一天以后，肯德基的门前几乎天天排着长队。当时的店员张庆红至今仍能想起当时的店内火爆的情景——只要到周末，光餐厅外的排队就有四百多米，必须分段分时放人进来。

　　"每天一到午饭时间，北京肯德基炸鸡店就门庭若市，排队的人里三层外三层。天安门附近的分店（前门）创下肯德基单店最高销售纪录，它是世界上规模最大、赢利最好的连锁店。"《纽约时报》曾这么描述肯德基在北京的第一家门店。

　　店内的情况也让人啼笑皆非：有人拿着做饭的锅去排队吃鸡；有人点了吮指原味鸡，却问服务员要筷子；还有人因为不习惯自助取餐，只是拿着餐盘在座位上傻等。

　　很快，去肯德基吃西餐变成了一件时髦的事，甚至成为北京的一大旅游景点。很多来到北京的人，必定要去肯德基品尝一番，然后再与门口的山德士上校人像留影纪念。

　　屈翠容认为，肯德基起初最吸引消费者的还是它的新鲜口味。在当时的开业菜单上有7.3元一份的套餐：两块吮指原味鸡+鸡汁土豆泥+菜丝沙拉+小餐包。这是一份标准的西式快餐。考虑到中国的酒文化，当时餐厅甚至还售卖听装的北京五星啤酒。

　　"其次，别具一格的店面装修也给那个年代的消费者带来耳目一新的感受。餐厅95%以上都是原装进口的设备：包括陈列柜、电冰箱、炸锅、店里的勺子、桌椅甚至墙上的装饰画都是进口货，这在80年代，对顾客的视觉冲击力无疑极其巨大。此外，餐厅工作人员是2000应聘者中精挑细选的80位年轻人，女的1.68米以上，男的1.72米以上，他们身着统一的时髦制服也成了一道亮丽的风景线。"屈翠容回忆。

　　据《北京晨报》报道，在肯德基首批员工梁星看来，肯德基落地中国是赶上了"天时地利人和"。"天时"是指20世纪80年代改革开放，需要吸引外资。当时，别的行业都有合资企业，但餐饮没有。按照国家政策，合资企业有"两免三减"（两年免税，三年减税）的优惠政策；员工也比一般国企员工的薪酬要高1.5%~1.8%。"地利"则指北京市定位往国际大都市发展，市委市政府就考虑引进"美国风味小吃"，1984年代表团去美国考察了一番，考察了肯德基和麦当劳，最终敲定了肯德基。"人和"则是旅游局希望吸引一些外资企业进来，畜牧局想卖鸡，而当时美国肯德基也在访华寻求合作。"双方都有需求，这样就有了北京第一家肯德基。"

当时，在改革开放推动下，中国老百姓的消费能力迅速提升。1978年，中国人均GDP仅381元，到了1987年却突破千元。这是肯德基得以备受追捧的基础。不过，即便如此，在当时想要尝鲜的普通家庭进入这家门店前，往往还得要攒上一个月的收入。这和肯德基后来在中国街上随处可见形成了鲜明的对比。

"肯德基代表了新鲜事物的出现，代表着改革开放，美好生活的开始。"屈翠容告诉时代周报记者。

扩张

肯德基进入中国的三年后，1990年，肯德基的兄弟品牌"必胜客"也在北京东直门开出了第一家门店。

必胜客最初是美国堪萨斯州的维其塔市一对兄弟创造的比萨品牌，1958年，年轻的卡尼兄弟俩还在念大学期间就向母亲借来600美元，在一间只能容纳25个人的小屋（Hut），建立了自己第一间售卖披萨饼（Pizza）的餐厅。小屋后来被取名为必胜客——Pizza Hut。必胜客与肯德基在同一年被百事集团收购。

中国必胜客门店最初的样子，几乎是美国必胜客"家庭消费"模式的翻版。无论是餐厅里装着的彩色吊灯，还是深色的桌椅，都体现出传统美国家庭的家居风格，产品也以披萨为主。多位消费者向时代周报记者表示，必胜客几乎是他们的西餐启蒙，早期的必胜客也被视为是高端西餐馆的代表。

2003年，必胜客中国餐厅总数达到100家；2010年12月28日餐厅数量达到500家；截至2018年6月底，必胜客在中国总共开出2209家门店，而这家披萨连锁餐厅的产品也从披萨拓展到意面、焗饭、扒类等主菜，以及餐前小吃、沙拉、甜品及饮料等100多种食品种类。

与此同时，肯德基的门店规模也在迅速扩张。

从1987年在中国开出第一家门店，到2004年1月肯德基在中国的门店总数突破1000家，再到2010年6月，肯德基在上海开出了第3000家餐厅；截至2018年6月底，肯德基在中国的餐厅数量达到5696家。

这样的扩张速度，连肯德基最大的竞争对手、进入中国仅仅晚了三年的麦当劳也望尘莫及。在全世界几乎所有国家里，肯德基餐厅的数量和影响力均小于麦当劳，而在中国，这一情况恰好相反：截至2018年6月底，肯德基在内地餐厅数量为5696家；而根据麦当劳中国2018年7月披露的数据，麦当劳餐厅在中国内地的餐厅仅有2800家左右。

屈翠容认为，从旗下品牌发展过程上看，百胜中国主要经历了两个阶段：第一个阶段在中国引入快餐连锁经营模式，建立了餐饮业高度一致的产品、服务标准，使得品牌得以快速复制扩张，扎根中国；第二个阶段是在融入中国的基础上，让品牌通过不断创新保持年轻化。

"外部上，改革开放这四十年，中国经济的腾飞，人民生活水平的飞速提高，让百胜中国的发展占据'天时、地利、人和'，赶上一个好的时代；从自身发展上看，我们成功的秘方有两个：一个是优秀的企业文化，另一个是我们奉行'国际脑，中国心'，不断推行大胆的本土化和创新。"屈翠容告诉时代周报记者。

让这家餐饮帝国得以在中国迅速扩张的过人之处正是灵活的本土化。

首先是菜单的改造。中国地域辽阔，各地方饮食习惯千差万别——北京人爱吃油条、上海人爱吃泡饭、广东人爱喝早茶……

餐饮老板内参创始人兼CEO秦朝曾向时代周报记者分析过肯德基的产品战略——肯德基的产品迭代速度非常快，如果试营业销量不好，就会立即淘汰这个品类。

2002年，肯德基菜单上推出适合中国口味的早餐粥；2003年，肯德基在中国市场上一共推出了24个新产品，不过这些产品中一直留在菜单上的，只有玉米沙拉；2003年，老北京鸡肉卷上市；2004年8月，广东地区的肯德基菜单上甚至首次出现了完全来自中国本土的饮料——王老吉凉茶；2008年，安心油条和川味"嫩牛五方"上市，后者下架后在消费者的呼声下在今年又重新推出市场；2009年，肯德基开卖烧饼；2010年后，豆浆、米饭让肯德基与中式快餐馆几乎无异……

这种产品战略也被应用到了百胜旗下的其他品牌。

"在中国的必胜客餐厅，消费者可以吃到灵感源自北京烤鸭的潮鸭披萨和焗蜗牛等开胃小食，而在中国的塔可贝尔餐厅，消费者可以吃到鲜虾牛油果布里特卷。"屈翠容向时代周报记者举例。

塔可贝尔与必胜客和肯德基同属Yum! Brands旗下。2003年，塔可贝尔首次进入中国市场（当时品牌取名为"塔可钟"），但曾因为表现不佳在2008年宣布退出。2017年，塔可贝尔重新回归，在上海落地首家门店。这次，吸取了教训的塔可贝尔革新了菜单——在原有的墨西哥风味基础上推出了更适合中国人口味的菜单。

本土化延伸到了这家餐饮帝国的各个触角。

在人才队伍方面，百胜尤为注重本土人才的培养，营运管理团队100%来自内部培养和晋升；在供应链上，从进入中国开始百胜便着手打造本土化供应链，在中国第一家肯德基餐厅开业之时，最核心的原材料——鸡肉、蔬菜等食材就来自本土，以保证单店在大客流量下的产品供应。根据百胜中国提供的数据，截至2017年，百胜中国拥有七百多家本土供应商，本土采购量近两百亿元，占总采购量的85%，涵盖了鸡肉、蔬菜、面包到包装箱、设备、建筑材料等全部原材料。

"本土化不仅仅局限于当地口味，也延伸到我们的经营理念，对我们企业战略的方方面面都产生了广泛影响，这对我们取得成功至关重要。"屈翠容表示。

在不断探索中国人的口味的同时，百胜中国索性在中国创造一个完全本土化的快餐品牌。

中式快餐品牌"东方既白"由此诞生。2005年，第一家东方既白在上海正式开业。这个颇具诗意的名字出自苏轼的《前赤壁赋》，店里供应面条、米饭、豆浆、油条、酸梅汤等中式快餐食品，这也是跨国餐企首次在中国创立的一个完全本土化的全新品牌。

与此同时，百胜也将目光瞄准了本土的其他餐饮品牌。

2009年3月25日，百胜中国斥资4.93亿港元入股火锅上市公司小肥羊，占20%股份；2011年5月3日，百胜中国宣布以近46亿港元现金私有化小肥羊；2012年2月1日，随着这起私有化交易顺利完成，这个始创于1999年的"中华火锅第一股"也正式被百胜中国纳入麾下。

"小肥羊对百胜而言，是块肥肉。"凌雁管理咨询首席咨询师林岳对时代周报记者分析，百胜要做大中国市场，单靠肯德基品牌已不能巩固其市场地位。收购小肥羊可以帮助百胜延伸中式餐饮连锁，完善产业供应链，学习中式餐饮模式，进一步挺进中国市场。

至此，百胜中国形成了一个由中西式快餐、西餐、火锅等餐饮板块组成的餐饮帝国。

分拆

时间来到2015年。这一年，百胜在中国餐厅数量达到了7176家。而从2012年开始，中国已连续4年为Yum! Brands贡献了超一半的收入。这家入华28年的餐饮巨头不得不面对一个事实：中国逐渐成为远比美国本土更重要的市场。

在此之前，百胜中国经历了数次"晋级"的过程。

在Yum! Brands从百事集团分离出来独立上市之前，为了发展中国区的业务，中国百胜餐饮集团便于1993年在上海成立，隶属于当时集团的国际部。

在2000年之后，肯德基的光环在一二线城市已经基本褪去，但屡创新高的销售额还是让百胜开始重新定位整个中国市场的位置：2003年，肯德基在中国开出了231家新店，百胜在计算当年的财报数据时发现，当年大中华区的销售额已经达到93亿元，同比暴涨了31%。2004年1月，肯德基在中国的门店总数突破了1000家。

在此背景下，2005年，中国业务从百胜国际部独立出来，成为与国际部平行的中国事业部，直接向全球总部报告。这在其他跨国企业里并不多见。

"当时，百胜中国作为Yum! Brands中国业务已自给自足并具备进一步释放规模的能力，在管理层的有力领导下，将最大程度发挥所有潜力，以独立运营的形式继续把握在中国市场的巨大机遇。百胜中国拆分后成为独立的公司，也能更好地制定发展策略，为股东带来更多价值。"屈翠容对时代周报记者表示。

屈翠容向时代周报记者列举了百胜中国独立的种种好处：百胜中国作为独立公司，在董事会的带领下，独立地针对中国市场制定发展战略，使得战略更具有针对性和可持续性；成为独立公司后，百胜中国的经营收益可以完全用于投资中国市场，使得发展后劲更足；可以借助资本市场，用灵活多样的方式，激励员工，比如，上市后，百胜中国就向超过5000位符合条件的餐厅经理发放了一次性限制性股票（RSU）奖励。

Yum! Brands决定放手一搏，把中国业务进行拆分，让它成为一家独立的公司。

2015年10月20日，Yum! Brands对外宣布，拟分拆为百胜中国和Yum!

Brands两家上市公司，各自拥有独特企业战略和投资特点。

2016年11月1日，百胜中国从Yum! Brands的业务中分离出来，以独立身份在纽交所上市。随着拆分的完成，百胜中国成为中国最大的独立上市餐饮公司以及Yum! Brands最大的特许加盟商，拥有肯德基、必胜客和塔可贝尔在中国内地的独家经营权，同时还经营小肥羊和东方既白两个本土品牌。

此间，百胜中国特意地引入了中国资本。2016年9月，百胜中国与春华资本及蚂蚁金服达成战略合作协议，春华资本与蚂蚁金服以4.6亿美元入股，股份占比在4.3%～5.9%之间，春华资本的创始人胡祖六也因此成为百胜中国董事会非执行董事长。在百胜中国看来，尽管后者持股仅有少数，但却给百胜中国提供了数字化发展的支持与优势。

拆分上市也成了百胜中国发展的历史性关键时刻。

"独立上市后，百胜中国成绩斐然。不但财务表现强劲。还在上市仅一年时间就启动现金回购股票计划，并开始给予股东现金分红。此外，还完成了对到家和食派士业务的收购。"屈翠容如是描述上市后百胜中国的变化。

挑战

2018年是中国改革开放的四十周年，也是这家餐饮帝国在中国的第31个年头。对此，屈翠容感触颇多。

"改革开放给百胜中国带来了史无前例的机遇。百胜中国能取得如此成功，与中国在改革开放中取得的高速发展密切相关。"屈翠容表示。

但机遇的另一面便是挑战。

如今，而当中国经济进入新常态后，百胜中国面临的挑战也是独特的：GDP的增幅减缓、互联网的强烈冲击以及消费习惯的快速变化，这些变化在其他国家也会出现，但都没有像中国这样激烈。

随着健康的饮食观念在中国盛行，餐饮行业正在悄然生变。"肯德基进入中国已经有三十多年的时间，消费群体和环境都发生了很大的变化。以前大家吃肯德基和麦当劳会觉得是非常新鲜的事情，现在大家反而会觉得不太健康，这其实是消费市场在变化，很多中餐品牌也面临着这些问题。"秦朝向时代周报记者表示。

与此同时，行业竞争也越来越激烈。改革开放四十年来，各类餐饮店如雨后春笋般涌现的同时，中国餐饮行业也呈现出快速裂变的状态。百胜中国面临的不仅是麦当劳、棒约翰、德克士、华莱士等快餐品牌的狙击，各式种类的餐饮店、乃至咖啡店、茶饮店等都是百胜中国的对手。

"2013年消费升级以后，催生了中国大众餐饮的崛起。据统计，中国餐饮有70%的消费规模都是20～35岁的年轻人贡献的。他们比较青睐于餐饮创新和产品体验，所以很多餐饮企业开始让就餐环境变得更加年轻化、时尚化，这是一个很重要的方向。"秦朝向时代周报记者表示。

更大的变化来自互联网对中国各个行业的摧枯拉朽式的变革。中国食品产业分析师朱丹蓬向时代周报记者表示："餐饮行业是劳动密集型的行业，目前的变化主要体现在门店的布置上，但在急需运用互联网手段对效率进行优化的供应链及物流领域，还没看到让人耳目一新的变化，在人力成本居高不下的趋势下，如何在这两个领域找到与科技相结合的点将成为整个行业的兴奋点。"

屈翠容显然早已看到这些变化。"消费升级正在快速发生，如何满足消费者不断变化的需求，在百花齐放各显神通的时代，如何持续保持领先是一大挑战。"屈翠容称。

与此同时，百胜中国旗下的必胜客近年来增长也在放缓。对此，百胜中国近年来一直试图重振必胜客。屈翠容表示："必胜客在实现品牌重振的道路上，将继续执行四大支柱战略，以化解目前遇到的一些挑战，包括改善餐厅基本面，提供味美价优的食物；加强数字化发展；优化外卖服务；以及探索新形式，以迎合不同的场合、地点和需求。"

百胜中国已经开启了重塑计划。数字化与外卖是这项计划中的重要组成部分。

百胜中国打造了全球餐饮行业最大的会员体系，截至2018年第二季度，肯德基忠诚度计划会员数量超过1.35亿，必胜客忠诚度计划会员数量超过4500万。截至2018年第二季度，移动支付占百胜中国销售额的比例达到了63%。

外卖也成为百胜中国重点发展业务之一。早在2001年，必胜客便上线宅急送，并在后来实现了在全国970个城市、超过3300家肯德基和2100家必胜客餐厅提供外卖服务。2010年，必胜客建立了手机端订餐平台，并在2015年与饿了么合作。2017年5月，百胜中国又宣布收购外卖平台到家美食会。

肯德基也正在尝试变得更加"健康"，对于供应商和食材的选择变得更加谨慎，在菜单上也致力于提供营养更加均衡的菜式。"目前肯德基在慢慢追求营养上的均衡，我们也能看到它在食物种类上都有了很大的变化，比如蔬菜沙拉、谷物早餐等，这其实是比较契合中国消费者的饮食结构。"中山大学营养学教授杨燕在接受时代周报记者采访时表示。

为了赢得年轻人的喜欢，肯德基也试图在品牌创新上做出更多的尝试。主打多样化均衡美味、智能化现制现售的"KPRO"餐厅由此诞生。2017年7月，百胜中国在杭州开出全国第一家"KPRO"品牌餐厅，联手蚂蚁金服在全球首次实现"刷脸支付"。2018年8月，北京第一家KPRO餐厅也在朝阳大悦城开门迎客。

而今，中国餐饮行业的空间依然巨大。根据中国烹饪协会《2018年中国餐饮市场分析报告》显示，2017年我国餐饮业收入达到3.9万亿元，规模仅次于美国。在国民生产总值82.71万亿元中，中国人在"吃"的方面消费了14万亿元，约占国民总值16%。

屈翠容透露，百胜中国为未来确定了四大战略重心：包括继续将中国作为发展重心，并在中国为业务增长进行投资；通过菜单创新、店面升级、保障品质与提高性价比来强化核心业务；投资并保持数字化发展与外卖领域的领先地位；在产品种类、门店模式以及针对不同消费时段的产品设计等方面实现业务创新。

"放眼未来，中国的城镇化进程、迅速壮大的中产阶层以及建设世界一流基础设施的热潮，都为高品质餐饮市场带来巨大的发展机会。而中国年轻一代的消费者熟悉数字化发展、注重品牌，是推动中国消费增长的主要力量。我们对未来充满信心。"屈翠容表示。

第二章

实干

面对改革开放所带来的机遇，中国企业需要的是抓住机遇、踏实苦干。

可以看到，很多崛起的企业，都有着一些相似之处：认准一个行业，坚定一个方向，选择一座世界最高峰，然后数十年如一日，脚踏实地，长途跋涉，孜孜不倦，锲而不舍。想干事，敢干事，会干事，干成事，用中国式的实干精神，来打造中国企业的特色，来迎接与抓住历史发展机遇。

比如碧桂园多年来的坚持与进取，恒大对民生地产的不变方向，还有祈福二十多年来对一个项目不断的打造与雕琢……

不说空话，撸起袖子加油干。这是一种态度，对工作，对所在行业，对企业的尊重与认可。种瓜得瓜，种豆得豆，要想有一个好的收成，就要有辛勤的付出。

碧桂园二十六年涅槃之路

胡天祥

　　1984年1月29日，中国改革开放总设计师邓小平在考察完珠海前往广州的途中，在顺德作了一次短暂视察，听取了时任顺德县委书记欧广源关于生产情况的汇报。

　　欧广源表示，顺德在十一届三中全会精神的鼓舞下，一是调整农业结构，大力发展塘鱼和花卉，二是大力发展乡镇企业。"从1983年到1988年的五年间，顺德是天天放鞭炮，搞庆典、搞开工仪式，几乎每天都有企业开张。"欧广源回忆起当时的情景仍兴奋不已。

　　汇报中，欧广源还专门提到了北滘经济发展公司（下称"北滘公司"）。这家专门为统筹乡镇企业发展而专门成立的公司，曾是美的集团的控股股东，碧桂园董事会主席杨国强亦曾是这里的一名员工。

　　在碧桂园总部四楼的历史文化展馆，至今仍保存着一份《北滘经济开发公司关于成立建筑队和基础工程队招聘技术人员的报告》。上面写道：为了实施对北滘镇的总体规划和综合开发北滘的土地，公司决定增设土地开发部和基础工程部，而土地开发需要建立一个建筑工程队和一个打桩队。

　　1984年末，时任北滘镇党委书记冯润胜找到杨国强，希望由他来组建北滘区建筑工程队。当时杨国强已因包揽工程又省又好而在镇内小有名气，其承揽的最大工程是顺德碧江中学的建设，也正是这一工程让杨国强赚到了人生的第一桶金。

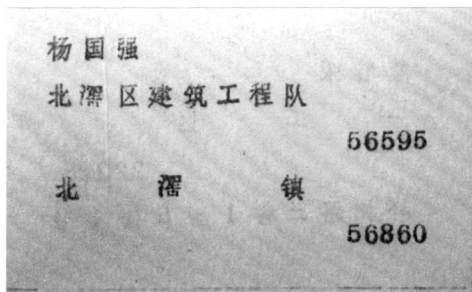

杨国强早期名片

与冯润胜的谈话，让杨国强放弃了继续当包工头的念头。他决定进入北滘经济开发公司，组建北滘区建筑工程队。1984—1990年，顺德县北滘区建筑施工队、顺德第二建筑公司第二工程队合并组建为顺德市北滘建筑有限公司，杨国强成为总负责人。

到了1991年底，北滘经济发展公司与另外两家公司合作成立顺德三和物业发展有限公司，负责开发一处位于顺德北滘碧江与三桂村之间的项目（即日后的顺德碧桂园）。

1992年1月，杨国强作为北滘经济发展公司方面的代表，担任该项目开发公司总经理。他与碧桂园的故事，也在这一年拉开序幕。

初生

1992年，中国在掀起改革浪潮的同时，也迎来了房地产热。数据显示，1992年全国房地产开发投资比1991年同期增长了117%，地方房地产投资普遍增长50%以上，其中海南暴增211%；土地方面，1992年土地供应量和面积分别是1991年及以前全国出让土地的3倍和11倍。

同是这一年，恒大的许家印从钢厂辞职下海来到深圳闯荡，张玉良在辞去上海市农委住宅办副主任的职位后创建了绿地集团，王健林抓住了国企改制的机遇将万达改制成为股份有限公司，潘石屹辞职到海南淘金，并和冯仑等几个人创立了万通公司。而杨国强负责的顺德碧桂园，则在紧锣密鼓建设着。

但房地产的剧烈增长却引发了中央的担忧。1993年，国16条的横空出世，给狂热的房地产狠狠地泼了一盆冷水，也让顺德碧桂园的销售陷入冰点。1994年3月，项目只售出一套房子。1994年6月起，顺德碧桂园的两大股东接连选择退出，股份全部转让给了北滘经济发展公司。

1992年杨国强在顺德碧桂园开业典礼上致辞

曾经的"香饽饽"，如今成了"烫手山芋"。这时，镇领导就找来杨国强，问他"够不够胆"买下三和公司，继续顺德碧桂园的开发。作为当时的项目总经理，杨国强坚定认为：越来越多的人离开土地前往城

1992年顺德碧桂园高级花园别墅区开业剪彩典礼

市，就一定会有越来越多的城市人到郊区来购买更适合居住的房子。

出于对项目前景的看好，杨国强下定决心：接管碧桂园。是年年底，三和公司正式更名为碧桂园物业发展有限公司，而杨国强也在此时完成了从建筑承包商到开发商的转变。

为促进项目销售，杨国强于1994年创办了广东碧桂园学校，开创了中国教育地产的先河。并在同年组建成立碧桂园车队。1995年，碧桂园将酒店式服务模式引入住宅式物业管理。这是房地产商第一次提出将酒店服务引入社区。

但受大环境影响，碧桂园旗下项目销售仍处于不温不火状态。直到1998年，国家取消福利分房，房地产再次迈入上升周期。这一年，碧桂园

趁势走出顺德，开启外拓之路。

　　碧桂园外拓第一站选在了广州，其成名作便是日后为业界称道的广州碧桂园。资料显示，广州碧桂园当时所在的洛溪地块基本没有开发，适合按照碧桂园的模式大规模开发。杨国强说，只需我们自己修一条路进去，那里马上会成为优越区位。

　　据媒体报道，广州碧桂园开工时，一期50万平方米的工地上建筑大军浩浩荡荡，七十栋楼同时起建，几百台吊车同时操作。也是从这里开始，碧桂园开始摸索出一套规范化、流程化的销售方式，做到在客户盈门的情况下有条不紊地完成一系列程序。

　　"广州碧桂园是碧桂园首次走出顺德、进军一线城市，实现产品与品牌扩张的第一次飞跃，也是碧桂园集团发展史上的一座里程碑。"碧桂园常务副总裁兼营销中心总经理程光煜告诉时代周报记者，广州碧桂园开启了碧桂园圈层营销与老带新营销模式的先河，包括在国内首创春节开盘、全装修卖房、免费看楼巴士等创新营销手法。这些手法后来在其他楼盘得以发展延续，可以说广州碧桂园是碧桂园营销开始成型的地方。

　　1999年春节，广州碧桂园创下当月销售3000套单位的喜人纪录，第一期三个月售罄。"当时广碧有1/3的客户都是香港人。可以这样说，那时能买上一套广州碧桂园的房子，已经是一件了不起的事情。"程光煜如是称。

　　广州碧桂园一炮打响，碧桂园趁势加快了广东省内的扩张速度。2000年5月1日，位于广州的华南碧桂园成功开盘。2001年11月5日，碧桂园凤凰城正式动工。"做凤凰城的时候，同时动工一千亩，那时候我四十三岁，身体好，整个设计、地形设计以及绿化配植、石头摆放、绿化清单都是我亲自开，包括现场的放线都是我自己跑来跑去拿枪去喷的。"碧桂园集团执行董事、集团副总裁梁国坤回忆称，历经整个过程，也看到很多其他部门总都在现场亲力亲为，感受到了碧桂园人整个团队的凝聚力和拼劲。

2002年五一黄金周，碧桂园·凤凰城（广州）正式对外发售，广州、东莞、佛山、深圳等地的看楼人群如潮水般涌来，私家车排成长龙。据悉，凤凰城开盘当天销售额达7.5亿元，之后还荣获了2002年广州单盘销售冠军。

2004年，碧桂园在高明、鹤山、江门、清远、南沙等地纷纷落子。这一年，碧桂园还加大了质量监督管理的力度，进一步完善了"三级验收制度"，提高了产品竣工验收的标准。

2006年，碧桂园在广东省以外的首个项目——长沙碧桂园威尼斯城于国庆正式开盘，这标志着碧桂园正式迈开全国地产市场开拓的步伐。也是这一年，碧桂园首次进入清华、北大等多所一流学府招贤纳士。

2007年4月20日，碧桂园在香港联交所主板挂牌上市。杨国强说，上市后的碧桂园只有拼命地往前飞，才能不负社会的期待。

❝ 二次创业

上市后的碧桂园，的确就像一只小鸟，"不停歇的往前飞"。

2008年，碧桂园加快了全国拓展的步伐，接连落子黑龙江、辽宁、内蒙古、重庆、安徽、湖南、湖北、江苏等区域。截至2008年12月31日，碧桂园在建项目达54个，开发数量比上市前增长了一倍。从规模上看，碧桂园2008年的交楼面积超过了过去两年的总和。

快速扩张的碧桂园似乎并未意识到，在2008年金融风暴席卷下，中国房地产业的严冬形势已显露端倪。直到2008年9月份，有关碧桂园各地工程大面积停工缓建的消息开始接连见诸媒体。截至2008年年底，在"资金链紧张"与"销售困难（布局多为三四线城市）"双重裹挟下，碧桂园全年仅实现合同销售175亿元，远低于最初设定的320亿元目标。

在碧桂园的旧总部悬挂了一幅爱默生的名言：困难，是动摇者和懦夫掉队回头的便桥，但也是勇敢者前进的脚踏石。

危机过后，"痛定思痛"的杨国强决心对公司陈旧的总部集权式、家族化经营"开刀"。他在2009年2月决定逐步下放权力给区域，并加大对外部职业经理人的引入力度"去家族化"。从2010年到2016年六年间，超过1400名职业经理人陆续空降碧桂园。这其中，便包括莫斌。

2010年，曾任中建五局总经理的莫斌正式加入碧桂园，任集团总裁及执行董事。杨国强开玩笑说，是从"长沙（中建五局总部所在地）把莫总绑过来的"。

莫斌到任不到24小时就参加了碧桂园的高管会。他在会上说，到碧桂园"主要是被碧桂园巨大的平台所吸引，也被公司的宏伟蓝图所吸引，更被杨主席的人格魅力所吸引"。后来，莫斌回忆促成他最终下决心加入碧桂园的，是在了解了国华纪念中学之后，他觉得"杨主席对那些素未认识的人都这么好，没有理由对我们不好"。

在杨国强的支持下，莫斌在碧桂园内部进行了一番大刀阔斧的改革。这一年，莫斌在内部正式提出三级管控模式，即总部是重大决策的平台、服务支撑的后台、过程检查的中心；区域作为管理中心，负责所辖所有项目资源的配置协调与整合；而项目则是完成任务的中心，项目管理部作为项目实施主体，负责项目现场进度、质量、成本、安全的管理。在此期间，为了检验管理改革的成效，杨国强还亲自担任江门一个项目总经理，莫斌担任惠州一个项目总经理。

而在工程质量提高上，莫斌针对施工方推出了一个"创优100"的计划。"创优100"是对工程质量、进度以及总包管理优秀的施工队给予合同价格之外的一定额度奖金奖励，进而达成又好又快的效果。比如按期竣工并通过甲方（碧桂园）交楼验收，节点奖励比例值20%。"创优100"计划在建筑施工界引起了很大的反响，一公布即有28支施工队提出参与。

同是2010年，"涅槃""领翔"等一系列碧桂园内部人才培养计划亦应运而成。其中"涅槃"计划培养对象为区域总裁和区域执行总裁。除上述中高层人才培养计划外，碧桂园还相继启动"展翼""新羽""碧业生"计划。其中"展翼"计划针对中层管理人员，"新羽"计划针对后备管理人员。而"碧业生"则寓意"碧桂园未来事业发展的生力军"，旨在为渴求人才的碧桂园吸纳优秀应届毕业生。此外，杨国强在2013年启动的"未来领袖"招聘计划，已在全球吸纳超过1200名博士（截至2018年底）。

由于2010年碧桂园在管控模式、工程质量、人才战略等方面作出诸多变革，故那一年也被碧桂园内部称之为"二次创业"。

碧桂园二次创业的改革成效在2013年得到充分显现。这一年，碧桂园合约销售从2012年的476亿元升至1060亿元，首次进入房企"千亿俱乐部"。莫斌说，这是全体碧桂园人共同努力下的水到渠成。

为了表达自己的喜悦心情，当时杨国强引用了约翰·奥斯汀的一首小诗表达自己的心情：年少时，站在波光粼粼的小溪边，梦想着梦想，这很棒，但更棒的是，奋斗一生，在生命的尽头能说一句：梦想是真实。

同是2013年，为了激励公司员工继续追求更高目标，杨国强在年底写下了"我梦想中的碧桂园"：这里是社会精英云集的公司；这里是人才施展才华的好地方；这里是学习进步的好学校；这里是和谐的大家庭；这里是诚实守信、合法合规经营的公司；这里是讲道理、勇于自我修正的公司；这里是公平公正、论功行赏的公司；这里是欣欣向荣、不断总结好经验并付诸实践的公司；这里是为全世界建造又好又便宜的房子的公司；这里是社会效益、公司效益、员工效益三丰收的公司；这里是被社会高度认可及赞誉的公司；这里是为人类社会进步而不懈努力的公司。

❝　多元探索

实际从2016年起，碧桂园还在传统地产业务外，积极探索产城融合开发新模式。

"科技小镇计划是一个挑战，广东还没有一家企业和地方政府能够完整地实现这个理念，对我们做房地产的，更难。但我们有经验、有胆识、有资金、有操作能力，我对碧桂园很有信心。"2016年8月9日，董事会主席杨国强现身碧桂园"产城融合战略"发布会现场，为公司的"科技小镇"项目背书。

在杨国强的构想中，作为碧桂园产城融合战略的具体落地，"科技小镇"正是缩小版的森林城市。而从企业经营的角度出发，碧桂园将借由科技小镇全面进军产业地产，获得政府支持与大量土地资源。

"我们认为，产业地产的经济效益不仅体现在经济周期的对冲机制和稳定器，还能成为优质土地、优惠政策、中周期利润、相关业务的重要来源。"碧桂园助理总裁向俊波也在发布会上透露。

2018年9月28日，碧桂园产城融合标杆项目潼湖科技小镇第一期正式开园。"这一刻，潼湖科技小镇成为了真正的产城运营服务商。"莫斌感慨道，小镇开园意味着碧桂园向着产城融合战略又迈了一大步。

易居研究院智库中心研究总监严跃进告诉时代周报记者，推进产业小镇发展，综合考虑了城镇化、民间资金的投资引导、文旅产业发展等因素，对于培育新产业和提升城镇居住品质有积极的意义。很多房企也积极参与此类项目，既是看到了此类产业的市场机遇，也为其转型提供了一个较好的平台。

除了科技小镇，碧桂园还把触角延伸到了智能制造领域和现代农业。

时代周报记者获悉，碧桂园如今正在做一个机器人餐厅，这被碧桂园视作探索机器人的起点。一位碧桂园内部人士也向记者透露，未来公司会有许多场景运用到各种机器人，比如烹饪机器人、服务机器人、农业机器人，以及生产机器人的机器人。"老板（杨国强）计划在中国和全球推广以顺德菜系为主的机器人餐厅，真正实现由机器人迎宾点餐、翻炒烹饪、端菜上桌、清洁打扫的无人化餐饮体验。"其还透露，为了了解机器人，杨国强几乎每天带着一群博士，对着电脑学习机器人知识。

杨国强在一次内部管理会议上表示：希望借助机器人的应用，在建筑行业把工人的工作效率提高50%。智能制造现在已经具备这个能力。如果我们利用机器人，利用SSGF，建筑工地的伤亡就会大大降低。而且天花、外墙不用抹灰，我们的质量、环境效益都会很好。据悉，碧桂园计划五年内在机器人领域投入至少800亿元，将机器人更广泛地运用到建筑业、社区服务、生活起居等各类场景当中。2018年7月17日，碧桂园注册成立广东博智林机器人有限公司（下称"广东博智林"），全面进军机器人行业。

而在农业方面，杨国强认为，十九大之后，第二轮土地承包到期要再延长三十年，这三十年是好机会。但中国农业发展整体还是比较落后，十九大提出乡村振兴计划，碧桂园发展到今天，有条件有责任去为乡村振兴做点什么。"我们不与农民争利，不与中小企业争利，希望与拥有土地的农民一起进行科学合理的谋划，走现代化农业发展之路，提升农民生产力，增加农民收入，共同为农村注入新的活力与生机，这也是碧桂园发展现代农业的初衷。"杨国强如是称。

2018年6月15日，碧桂园正式对外宣布进军现代农业，并在发布会上为碧桂园农业控股有限公司（下称"碧桂园农业公司"）揭牌。据悉，碧桂园农业公司将与"杂交水稻之父"袁隆平院士的团队合作成立第三代杂交水稻中心，并在长沙和广州南沙设两个站，共同把第三代杂交水稻推向第一线，向全国乃至世界其他国家推广。

"第三代杂交水稻比前两代更加优越，克服了前两代的缺点，今后的发展前途非常光明。一代、二代杂交水稻都是世界领先的，第三代杂交水稻更加领先。"袁隆平表示：碧桂园农业的投资为我们助了一把大力气。我们将在五年之内把第三代杂交水稻在全国推广到一千万亩，按每亩增产一百公斤来算，增产的粮食可以满足三百多万人口一年的口粮。希望十年内第三代杂交水稻能够推广到三千万亩，增产的粮食相当于武汉、广州这样大城市人口一年的口粮。

严跃进告诉时代周报记者，布局农业市场有助于企业后续分享土地改革的红利，也有助于企业在大消费、产业链等方面发力。

提质控速

之后数年，碧桂园的业绩一直保持着稳健增长的态势。2016年，碧桂园合约销售从1401亿元（2015年）升至3088亿元（2016年），同比增长120%。到了2017年，碧桂园已实现合约销售约5508亿元，首次超越万科、恒大，成功"登顶"。

就在外界认为碧桂园接下来仍会高歌猛进时，莫斌却在2018年中期业绩会上宣布：公司将逐步进入"提质控速"新阶段。

"我们放慢发展速度是要提升各项管控，而且在每一个环节都要提升管控，而且定出把零伤亡作为公司未来长期的目标。"莫斌表示，提质控速是保证碧桂园有质量的发展，宁可发展慢一点，也要发展稳一点。

具体到执行层面，莫斌举例称，比如在土地获取上，下半年会持一个审慎获取的态度，按照"做一个成一个"的目标去实施。为此碧桂园在内部提出要精准获取，精准获取就是一定能算得过账的，而且是一定满足各项财务指标的才能获取。

而在开发节奏的调整上，莫斌则强调，碧桂园全周期的开发速度其实和同行差不多，因为我们根据不同的楼层也是17～21个月完成交楼。"同时，我们也会根据市场情况、根据管控能力和水平，把安全质量放在第一位的前提下，做好开盘速度的掌控。"莫斌如是称。

为了进一步保证房屋质量和安全，碧桂园还专门成立安全生产委员会，由杨国强担任委员会主任。与此同时，碧桂园还提出将会进一步严选施工合作方，并引入当地权威第三方机构介入监控工程安全和质量。

"关于安全，我们永远都警钟长鸣，要狠狠地抓，大家要理解，公司绝对不含糊。一定要按公司的指示，在安全隐患全部清除的情况下才能开工。所有人高度重视，因为这是公司对社会应有的责任。"2018年12月10日，杨国强在碧桂园集团管理会议上重申：我们一定要深耕每个区域，对每个对手都有清晰的认识，做好安全、质量、交楼。我觉得，这个世界一定会给最具竞争力的企业开绿灯的，一路过去都是绿灯，尽管有的时候，那些道路不像高速一样好走。你想想，如果最具竞争力的公司都觉得很难，其他更是。

比尔·盖茨有一句话：微软离破产还有18个月。杨国强的危机感很强，总是用这句话不断提醒自己。

与此同时，他还希望公司员工能够大胆提出自己的意见，"挑战老板权威"。

杨国强曾在年会上讲了一个故事，他说有次一位区域总裁拿户型图纸找他，他一看就很不满意，就让区域总裁不要再说。但到了晚上区域总裁敲门进来，说"我知道来会给你骂，还是想争取一下"。这次杨国强认真听他汇报完，发现是自己错了，他就跟区域总裁道歉。"如果你觉得你是对的，大家一定要争取。"杨国强说，因为老板也是人，不是神。神才不需要别人提意见。

"老板每天晚上都会跟我通电话，长则一小时，短则半小时，我是做不到每天电话沟通的，因为这是蛮累压力蛮大的一种方式。"莫斌在一次内部分享会上说，"但是老板不止给我一个人打，也给其他领导打，我们所有的高管，他都会打电话，把他的想法告诉我们，这就是有特色的老板啊。"

"碧桂园还能走多远？"身处商海洪流，杨国强无时无刻不在思考自己企业的前途和使命。

恒大二十二年崛起造就地产传奇

王州婷

　　1997年，当中国的经济笼罩在亚洲金融风暴之时，位于广州海珠区工业大道上的金碧花园楼盘却用半天不到的时间售罄第一期，并创造了彼时广州"六个当年"的开发销售奇迹，这对于当时陷入一片经济萧条的国内环境来说，无疑带来了一缕曙光，同时也成了如今世界五百强企业恒大的里程碑。

　　以金碧花园为坐标原点，这个由许家印创立的小房企，在未来的二十一年里迅速苗壮，摇身转变成为一个资产过万亿的超级企业，从此前千余家地产公司里突围而出。2018年《财富》世界五百强中，恒大位列第二百三十位，成为世界五百强历史上排名提升最快的企业之一。

　　改革开放四十年，房地产行业纵横捭阖，如果说恒大起初仅仅是一个不起眼的小圆点，那么许家印的"恒大模式"及"恒大速度"，已经将这个圆圈的边界拓展到了五千亿的维度，并朝着"万亿销售时代"疾驰。

　　在许家印看来，恒大的成绩要归功于"赶上国家改革开放的好政策"，但作为一个站在中国改革开放经济大潮之巅的民营企业家，以及中国民营企业的开创者，其身上的企业家精神同样在恒大的发展中起到关键作用。

　　当房地产行业跨过飞速发展的黄金时代后，面对新的挑战和使命，恒大表示要在2020年完成总资产三万亿和进入世界百强的目标。许家印表示，2020年是恒大第八个"三年计划"的收官之年，恒大进入世界百强不是梦，"相信到2020年恒大营业额应该超过5500亿元，可以顺利成为世界百强企业"。

"根据去年的世界五百强榜单，百强的营业额门槛是5000亿元，到2020年即便有所提高也应该在5500亿元左右，而到时相信恒大营业额应该超过5500亿元，那就能顺利成为世界百强企业。"

❝ 后来者的逆势崛起

恒大二十二年的发展史，是属于一个后来者迎头赶超的发展史。

1992年，恰逢改革开放三十年的分水岭。随着邓小平的南方谈话，代表改革开放发展速度的房地产领域可谓是欣欣向荣，这一年下海的许家印搭上了房地产的末班车，而彼时崛起的城镇化大潮可谓是造就恒大奇迹的一大因素。

恒大成立于1996年，处于1998年房改前夕，正好迎来了国家从福利分房到商品房时代的产业政策导向。1978—2017年，我国年均新增1644万城镇人口，城镇化率年均提高一个百分点，形成巨大的住房需求。GDP总量从3679亿元增长到83万亿元，年复合增速达14.9%，城镇居民可支配收入从343元增加到3.6万元，年复合增速达12.7%，有力支撑了居民住房需求的释放与升级。

在此环境下，创立之初的恒大将产品定位为满足刚需的"民生地产"，从1996年到2006年，恒大集团秉承以"民生地产"为理念，从零开始，在亚洲金融风暴中逆市出击，凭借"小面积、低价格、低成本"的策略抢占先机，并实现"规模取胜"。随后恒大实施精品战略，打造高品质、高性价比的产品。

事实上，在此策略下，恒大在广州打造的首个楼盘金碧花园，以当年征地、当年报建、当年动工、当年竣工、当年售罄和当年入住，创造了广州乃至中国地产的历史奇迹。往后在业内看来，恒大的民生地产定位，契合了老百姓的刚需。作为行业内唯一一家全部精装修交房、实施无理由退房的大型房企，恒大坚持精装修交房、让利于民，打造高品质、高性价比的精品民生住宅，紧紧抓住了时代的需求，从而实现了高速增长。

不过，恒大的发展并非一帆风顺。2008年，在许家印摩拳擦掌、积极筹划在香港上市时，东南亚金融危机不期而至。整个房地产行业都遭受打击，转入低潮，恒大地产的香港上市计划也因此搁浅。加之当时恒大地产向全国拓展的37个项目中33个在建，还有4500万平方米的土地储备，100多亿元的资金缺口让恒大岌岌可危。

"可以说，我们在2008年遭遇了全球金融危机和公司上市受阻的两个寒冬。这是公司发展历程中最艰难的时刻，"许家印在2018年度工作会议上如是感慨。不过，在这一危难时刻，许家印没有选择以转卖土地或是裁员的方式断臂求生，而是奔赴香港大胆向外引进战略合作者。

2008年6月，郑裕彤联手科威特投资局、德意志银行和美林银行等投资机构，总共斥资5.06亿美元入股恒大。许家印随即集中18个优势项目开工，再75折销售，迅速回笼资金50亿元。年终，恒大销售额高达108亿元，跻身"百亿俱乐部"。

随后，恒大在全国拓展的战略中迎头直追，不仅在2016年实现规模超越，成为全国销售冠军，而且也自2013年开始实现了从千亿到两千亿、三千亿、五千亿的三级跳的跨越，2018年则以半年超五百亿的利润一举夺下中海蝉联长达十四年的房企"利润之王"。

在2017及2018年年度工作会议上，许家印均强调指出，恒大二十二年的发展历史上，共做出了八次"三年计划"和六次重大战略决策，在根本上决定了公司的发展，也决定了公司今天的地位。

回顾恒大过去的三年计划，每个三年都有一个巨大的变化，而每个三年恒大都抓住了核心，踏对了发展的节奏。其中，1996—1999年，这是恒大的创业初期，也是高速发展的时期，而凭借"小面积、低价格、低成本"的策略，也为恒大在第二个三年计划中实现企业品牌和实力突飞猛进奠定了基础。

2006—2008年是恒大发展关键的第四个三年，在此前的第三个三年计划中，恒大正式确立了全精装修交楼的民生地产定位，得以在二次创业中实现跨越式发展，同时也促使了恒大在第四个三年中迈向全国迈向国际，完成公司各项核心指标第三年内实现10至20倍的超常规增长。

往后的第五、六、七、八次"三年计划"，无论是赴港上市，还是在稳健经营中深化管理，在务实基础中多元发展，亦或在新的市场环境下向着提质增效转型，恒大的步调准确而稳健。

在许家印看来，战略决策对于一个企业来说非常重要，恒大历次的战略决策，都经历了时间和市场的充分检验，证明了恒大战略决策的前瞻性、科学性和正确性，同时进一步说明战略决定成败的真理。

许家印在2018年年度工作会上，对过去2006—2017年十一年的成绩无不欣喜："过去十年，恒大的总资产增长了226倍，净资产增长了240倍，销售额增长了294倍，利税增长了146倍，现金余额增长了142倍。"如今的恒大，以万亿的资产成为全球最大的房地产企业，并在年销售达5千亿元，净资产逾2400亿元，毛利1122亿元的行业高点上，迈向"新恒大、新起点、新战略、新蓝图"的第七次重大战略宏图。

❝ 许家印的经营哲学

从零开始、由小变大、由弱变强，恒大在成长为全球最大房地产企业的二十二年里，无疑数度历经了艰难境地，但每次的转危为安以及实现跨越发展，与许家印的个人魅力及经营哲学不无相关。

许家印1958年出生于河南周口农村，和20世纪五六十年代的大多数人一样，他前半生绝大多时候在艰难生活夹缝中裹挟前进，但幸运的是，许家印搭上了1977年恢复高考后的命运之车，考取了武汉钢铁学院，并在体制内十年的工作中展现出了过人的能力、拼劲以及富于冒险精神的个性。

许家印的这种个人特质无疑在其下海创业中成为重要的推力。广州地产界一位资深人士曾回忆介绍，金碧花园是恒大开发的第一个项目，但这个对于恒大发展具有里程碑意义的项目原来是没人敢接的农药厂地块，"许家印把地皮刮了，重新换了土"，由此，许家印给他留下了深刻印象。

事实上，在行业看来，如果说华为是一个以"狼性文化"著称的企业，那么在许家印以及恒大身上同样淋漓尽致。在行业内，许家印本人是被公认的工作狂，而恒大集团董事局副主席夏海钧回忆起第一次在恒大上班时提及，本以为会议在深夜十一点结束是一次偶然，却未料，这确实是一次偶然，但开会到次日凌晨两三点结束才是常态。

不过，更为重要的是，虽然恒大在地产领域中较晚进场，但是其快速的成长很大程度上得益于许家印对于行业、形势和环境的准确判断，在每个节点中制定和实施前瞻的企业战略。

2006年以前，恒大以广东为起点，根据当时市场的实际情况，许家印采取了以"小面积、低价格"的开发模式，实现快速销售、加快资金周转，以快速实现规模的壮大。2006年之后，恒大正式开始全国化拓展，以潜力最为巨大的中国二线城市为主要方向。当时，二线城市房地产市场刚刚起步，不仅拥有巨大的市场容量，且政府给予了开发企业众多优惠政策；进入2010年，随着中国城镇化的推进，三线城市的巨大市场空间逐渐显现，恒大又转而向三线市场进军；2013年，恒大加大了一线城市的投资力度，实现项目城市均衡布局；2017年，随着国家层面防范化解金融风险政策的逐步落地，在去杠杆的背景下，恒大开启瘦身计划，从"规模型"向"规模+效益型"转变，降负债回笼资金，得以在2018年的资本寒冬中

"广积粮"。

在变幻莫测的环境之中，许家印的审时度势和正确的决策，让恒大过往发展的二十年里都准确地踩在了行业发展的节点中，许家印的高瞻远瞩也让恒大完成自身的蜕变和成长，茁壮成为房地产行业中的领先者。

而不可否认的是，无论是2008年里，许家印在面对金融危机和企业生死时刻时的果断和锲而不舍的坚韧，还是许家印带领恒大在逆势崛起摇旗直追时的格局和气魄，亦或是其治下恒大的企业文化、员工执行力，作为一个站在中国改革开放经济大潮之巅的民营企业家，许家印作为中国第一代民营企业的开创者，他的企业家精神显现其中。

▌激进多元化

恒大的官网中对于公司名的释意是"古往今来连绵不绝，曰恒；天地万物曾益发展，曰大"。命名为"恒大"，无疑传达了许家印对于恒大宏伟蓝图的希冀，"我个人比较要强，要么不做，做就就要做到最好，恒大要做全世界最大的房地产公司"。

伴随着地产主业的渐进发展，多元化亦成为有着雄心壮志的恒大的选择。许家印曾表示："经过我们专门研究发现，世界500强企业绝大部分发展到一定程度和规模后，都会选择多元化战略，对于恒大来说也是这样。恒大的规模、团队、品牌，如果不走多元化战略，就会失掉很多发展机会。"

事实上，早在九年前，恒大就已经开始探索多元化业务，多领域调研、探索和实践，至今已在文化旅游、健康养生，以及最新进入的高科技三个千亿乃至万亿级规模的朝阳产业实现布局，支持实体经济发展。

其中，在文化旅游领域，恒大创新性提出打造专门面向少年儿童的全室内、全天候、全季节顶级童话神话主题公园——"恒大童世界"。更值得一提的是，童世界在规划设计时以讲好中国故事为核心，融合中国文化精髓和世界文明，采用科技含量高的游乐设施设备及技术，致力于打造全球规模最大、档次最高、世界第一的顶级童话神话主题乐园，形成旅游+教育的恒大童世界模式。

据了解，童世界目前在全国已经布局16个，未来2~5年陆续竣工开业并将走向世界，将成为恒大坚定文化自信、弘扬中华优秀文化的民族品牌。

此外，在健康养生领域，恒大瞄准了中国老龄化问题，创新"租购旅"会员机制，整合国内优质医院、养老院、康养社区等资源，致力于打造国内规模最大、档次最高、世界一流的养生养老胜地，填补市场空白。

据悉，恒大目前已在全国9个宜居胜地实现布局，未来五年计划全国落地超过100个养生谷产品，服务更多老年人。此外，为了弥补国内外医疗资源的不均衡，恒大携手肿瘤领域的世界顶级医院——美国布莱根和妇女医院，在博鳌乐城医疗旅游先行区投资建设博鳌恒大国际医院，打造一体化医疗研究平台，提供国际顶级肿瘤专科医疗服务。2018年2月，博鳌恒大国际医院也已正式开业运营。

在对多元化的探索中，恒大奋勇向前，期间虽然避免不了走弯路，但涉猎多领域后的恒大，已然是一艘航空母舰，许家印的"恒大"宏图逐渐照进现实。

❝ 布局下一个二十年

近几年来，房地产行业一路快跑，直至2017年中国房地产创造了新的成交记录，"万亿时代"走过过半路程，站在历史的新起点上，恒大对未来也寄予厚望。2018年年初的年度工作会上，许家印宣布公司将实施新的三年计划和第七次重大战略策略——新恒大、新起点、新战略、新蓝图。

在这崭新的蓝图中，许家印表示，未来的三年恒大将在已经实现的各项核心经济指标新起跑线上，坚定不移地实施"规模+效益型"发展模式，并在产业布局上积极探索高科技产业，逐渐形成以民生地产为基础，文化旅游、健康养生为两翼，以高科技产业为龙头的产业格局，而发展重点在于提升增长质量，提高发展效益。

"作出探索高科技产业的重大决定，我们坚信如果用十年的时间，从科研、到孵化、再到产业化，一定可以培养出一大批世界领先的前沿科技技术成果，高科技产业也将成为恒大的龙头产业。旅游、健康、高科技产业都是千亿甚至万亿级规模的朝阳产业，发展前景非常好，因此我们在产业布局上才做出这样的重大战略部署，"2018年度工作会议上，许家印如是表示。

在许家印看来，恒大高科技是恒大打造百年老店的重大战略决策，而自今年以来，恒大在高科技产业中迈开高速步伐。4月，恒大与中科院签署全面合作协议，恒大计划未来十年投入1000亿元，双方共同拓展生命科学、航空航天、集成电路、量子科技、新能源、人工智能、机器人、现代科技农业等重点领域。此次首批合作项目正式签约，标志着恒大在高科技产业布局进一步提速。

8月16日，恒大集团与中科院的合作进一步落地。据了解，此次首批签约合作项目共六个，总投资额16.47亿元，分别为"中科恒大"超级计算机、人工智能、石墨烯、无人机、手术机器人以及"大健康海云工程"，总估值约46亿元，均代表当今世界最前沿的科技发展趋势。其中，"中科恒大"超级计算机研发完成后，将成为世界超级计算机TOP500榜第一。此外，六个合作项目中有五个恒大为第一大股东，一个为第二大股东。

恒大在高科技、人工智能等领域的动作势如破竹，但关于恒大能否顺利开展新兴业务，以及未来一基两翼一龙头的产业布局能否实现长远发展，依然需要时间的检验。

不过，在"新恒大"蓝图下，许家印自信地喊出了"到2020年，恒大目标将是总资产三万亿，进入世界百强"的目标，"2020年是恒大第八个"三年计划"的收官之年，恒大进入世界百强不是梦，根据去年的世界五百强榜单，百强的营业额门槛是5000亿元，到2020年即便有所提高也应该在5500亿元左右，而到时相信恒大营业额应该超过5500亿元，那就能顺利成为世界百强企业"。

金地三十再出发：平衡哲学下做优等全科生

蔡颖

从深圳地铁七号线的上沙站C出口出来，经过一个十字路口，可以看到一栋外形朴实的6层小楼，这栋简约雅致的建筑便是金地集团的总部所在地。亦如这栋小楼朴实的风格，在很长的一段时间内，金地都以十分低调的姿态示人。它的掌舵者——金地集团董事长凌克，二十余年来也很少接受媒体的采访，也鲜少在公众场合露面，他和他的企业，都习惯于避居镁光灯之外。

低调并不意味着金地没有光环。从1988年创立至今，金地很早就完成了全国七大区域的布局，共涉足53城。而从2001年上市到2017年底，金地的销售规模也从5.34亿元提升至了1408亿元，增长了264倍。

作为改革开放的弄潮者之一，与时代共生的金地集团经历了房地产行业发展的黄金十年。它与其他的同行者创造了"招保万金"时代的荣光，却也承受着外界对其"掉队"的质疑。然而，正如凌克和金地员工所热爱的网球一样，这项运动对人的身体整体的协调性和心理素质要求极高，强调综合平衡能力。极少人能够理解到，稳健与平衡，这不仅是凌克的性格，亦是金地的性格。

金地的发展加速度

20世纪80年代的第一个夏天，一个影响了中国改革走向的计划在南方沿海的一个小渔村启动：全国人大常委会批准设立深圳为经济特区。也是在这一年，勇立改革潮头的深圳诞生了一大批优秀的企业，中国城市历史上的第一份土地出让协议也在深圳诞生，金地的故事由此展开。

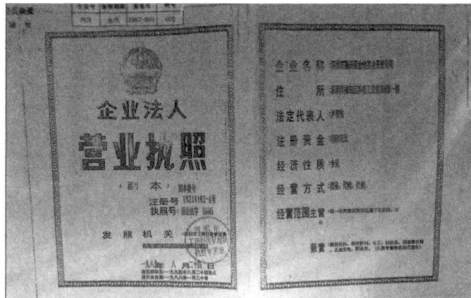

1988年金地公司注册的营业执照

1988年1月20日，一家名为"深圳市上步区工业村建设服务公司"的企业开始注册营业，办公地点就设在当时的上步区沙咀工业村305栋1楼，这便是金地集团的前身。没有人能预料到，从深圳福田区下辖的一家地方企业起步，成长为一家全国性开发商，金地仅仅用了十余年的时间，这种成长速度与这座城市所提出的口号"时间就是金钱，效率就是生命"一脉相承。

也就在那个风潮涌动的年代，在遥远的武汉，1982年才从华中科技大学无线电专业毕业的凌克，已经被分配到电子工业部下属的武汉长江有线电厂担任通讯专业助理工程师多年。对于机关单位的平静和枯燥，凌克已经有所厌倦。面对南方频频吹来的改革春风，33岁的凌克毅然南下深圳，开启了事业的新起点。

当时的深圳作为特区已经开放了十年，每一年都会有无数有勇气的年轻人到深圳淘金。站在深圳宽敞的街道上，凌克或许也没有预料到，自己的事业抱负将在钢筋水泥中蓬勃地绽放。初到深圳的凌克曾做过报关员，进入金地后，凌克从普通员工开始做起，一直到区属二级企业的总经理、集团总经理，再到金地集团的董事长，这一段历程凌克仅仅只用了六年时间。

1994年的深圳，商业和社会的发展已经呈现出兴旺蓬勃的景象。那些在改革开放初期创业的公司已经由粗犷发展期迈入加速扩张期，随着企业规模的壮大，制度和管理日益成为企业新的发展瓶颈。同年七月，《公司法》正式颁布，现代企业制度的改革模式开始在国有企业中推行，中国企业开始步入规范化管理时期。

也在这一年，金地成为了深圳市首批现代化企业制度改革试点单位，这个创新的举动使得金地得以从一个工业村办公室的小政府机构，一跃转变为市场化的商业公司。

管理和制度的改革在今后两年的时间内不断焕发活力。1996年，金地率先推行员工内部持股制度。当年2月，金地公司第一批员工持股认购工作完成，公司完成股份制改造后，正式定名为"金地（集团）股份有限公司"并沿用至今。在公司内部考核方面，金地则实行甲A甲B末位淘汰制，以此为核心的系列制度在相当长的时期内成为诸多公司共同认可的理念。也正是在这种不懈努力之下，金地成为了当时国内管理水平最高的房企之一。

1996年，金地集团召开持股员工代表大会

时间进入到1998年，中国住宅商品化改革启动，国务院做出重大决定：取消福利分房政策。此后中国开始了长时间的房地产热，无数的造富神话在这一领域上演，也就是在这一年，凌克接任金地集团董事长，开始全面掌舵金地。

时隔一年，由金地开发的深圳"金海湾花园"公开发售，该项目被认为是中国房地产历史上的经典之作。随后，"金地翠园"项目入市，创造了深圳高档住宅小区当年开发、当年销售、当年售罄的纪录，这些项目都烙上了凌克的印记。

2001年是中国经济的大起之年，这一年，中国加入世界贸易组织，这意味未来的市场将日渐开放，国内企业的竞争压力将陡然增加。一直秉承锐意革新理念的金地集团也在这一年正式跨入资本市场，在上海证券交易所挂牌上市，成为1993年以来解禁后首批房地产上市公司之一，这是金地集团发展历程上的新起点。

凌克骨子里是一个勇于尝试的人。2001年上市后，凌克开始提出全国化战略，让金地走出深圳，在当时看来，这无疑是一个冒险的决定。该年金地进入北京，2002年进入上海，2003年进入武汉。嗣后，又进入沈阳、西安和杭州，在短短的五六年时间里就完成了全国的七大区域布局。这一战略的实施，让金地行业地位迅速上升，与当时的招商、保利、万科一起跻身一线房企之列。

2001年，金地集团在上交所上市

2006年开始，面对国家的政策调控，房企普遍陷入高周转、快速度的造房运动，商业嗅觉灵敏的金地意识到，在资金密集的地产行业中，金融起着至关重要的作用。彼时，金地开始探索金融业务，成为国内最早涉足金融的房地产企业之一。

2008年，金地与瑞银环球资产管理集团（UBS）共同担任基金管理人，发起了国内第一支标准化的房地产美元基金，凌克出任董事长。"金融+地产"的模式，给当时房地产行业提供了一个全新的发展思路。

事实上，金地的房地产金融业务也取得了一系列不错的成绩。2009年，金地与瑞银集团、中国平安信托持续展开合作，目前也与荷兰金融集团ING等建立了战略合作伙伴关系，同时还与多家海外银行保持密切关系，方便开展项目融资。

对于市场，凌克始终保持很好的敏感度。在完成全国化的布局之后，金地没有固步于传统的住宅业务，而是开始成为房企多元化尝试的先行者。2010年，金地集团提出了"一体两翼"的发展战略，先后成立稳盛投资公司、收购香港上市平台"星狮地产"（后更名为金地商置），上述两者作为金地集团金融和商业板块的全新发展平台。对于彼时的地产企业而言，这无疑是一个新鲜的命题。

平衡之下的金地规模论

回顾2010年金地确立"一体两翼"发展战略的市场环境，彼时地产行业在适度宽松的货币政策和接连两次降息后迅速回暖。这一年，万科率先进入千亿俱乐部，随后众多房地产企业都抓住了这一市场红利期，以求跻身千亿俱乐部。而就在行业沉浸在规模激进的狂喜之中时，一向遵循平衡稳健策略的金地并没有"大干快上"，而是继续遵循了自身的发展节奏。

年报数据显示，2010—2014年，金地公司销售金额分别约为283亿元、

309亿元、342亿元、450亿元和490亿元，2015年业绩达到617亿元。直到2016年，金地销售金额才同比增长63%，最终实现1006亿元的销售额，销售额突破千亿元。

仅从横向对比的规模增速来看，这并不算是一份很出色的成绩单。但外界恐怕很难理解，对于金地而言，规模并不是唯一的考核维度。

"一个公司不能单看它成长快不快，或者说一定要越快越好，这才是一个好公司。相对于快，公司能够经营的'长久'更重要。"对于规模的争议，金地集团董事长凌克曾如此解释。凌克认为，金地不会把"快"作为唯一的标准，其他衡量标准还包括财务情况、经营管理、产品价值、员工成长、企业文化、社会责任等各个方面。

仅从财务指标来看，在过去行业发展的多个周期里，金地的发展其实堪称稳健。营收、利润和每股收益都保持了稳步和持续的增长速度，没有大起大落，这样的持续性和稳定性，让金地在资本市场赢得了不少赞成票。

在规模至上的房地产行业，不少企业都在为了拼规模而不惜代价。在急速前行中，快周转、高负债成为部分房企的扩张利器。但随着市场环境的改变，行业发展逻辑的调整，曾经引以为傲的扩张利器随时有可能成为致命的匕首。

金地并不主张激进扩张，凌克始终将财务风险的控制放在首位。凌克表示："金地并不会把资产负债率推得太高。我们一般总资产负债率控制在在60%～70%之间，净资产负债率在50%～80%之间。金地还有改进的空间，但不应该完全改变平衡的思想。"

查看近年来的年度财报可以发现，金地集团一直维持相对稳健的负债率水平。2016年，金地集团的净负债率为28%，而2017年末金地集团的净负债率也仅为48%。在行业中处于低位水平。

在利润方面，金地也可以说是地产行业内为数不多的盈利能力较强的企业之一。2017年全年，金地集团归属上市公司股东的净利润68.43亿元，同比增长8.61%。与此同时，房地产业务毛利率为33.96%，较上年同期增加了5.23%。这一数值均高于行业平均水平。

对于销售规模，金地的理念"要规模，但不唯规模"。在凌克看来，金地的增长每年保持20%~25%的增速就可以了。"一下子涨50%，没必要，而且风险很大，我跟同事说，要争取前10名，但不一定要去争取第1名。"

相对于单纯的规模追求，以"科学筑家"为理念的金地，其实更加愿意将精力放在产品体系的打造和提升上。在行业的发展初期，地产界有低于40%利润不做的行规。但在凌克的眼里，商业是一场持久战，一开始比拼的是魄力、勇气和运气，但最终需要比拼的是坚持、格局与战略。一直以来，金地都将产品主义放在首位。从早期金地花园、金地海景花园的一鸣惊人，到1998年金地翠园开创市场先河，金地的基因里就已埋藏着对产品的极致追求。

在大多数同行加快周转赚钱的时候，金地一直在对自身的产品线进行调整。2011年，金地推动了产品的标准化落地，研发并推出"褐石、名仕、天境、世家"四大系列产品。随后几年，金地不断将产品进行延伸和拓展，如今，金地的旗下已经形成了九大标准化系列产品，可以满足不同消费价值观、不同家庭生命周期的用户需求。

当行业都处在激进洪流的时候，没有多少人会察觉繁荣背后的风险和不妥。金地选择一条不被周期性利益所诱导、不被盲目扩张而裹挟的发展道路，就难免要承受外界对于其规模的种种误解。

❝ "一体两翼"的金地之路

事实上，抛开规模的争议，在多年的发展之后，"一体两翼"的发展策略已经让金地逐渐成长为一个以地产主业为主、业务多元的国际化企业。

2012年，金地收购了香港上市公司星狮地产，2013年正式更名为金地商置。金地商置是集地产综合开发和资产管理平台为一体的综合开发商，旗下包含商业中心综合体、产业园镇、精品住宅、长租公寓、星级酒店等多元物业的开发销售、投资管理和服务运营。

2017年，金地商置的销售额已经达到人民币约452.8亿元，同比增长125%；累计销售总面积约247.8万平方米，同比增长121%；归属于母公司股东净利润16.4亿元，同比增长20%。2017年土地储备大幅增加至约总建筑面积1371万平方米，较2016年同比增长27%。

在业态发展上，金地商置已不只着眼于传统的购物中心、写字楼，而是将触角伸向产业园区的开发、运营及长租公寓、联合办公等多个领域，形成了日渐多元的复合产业格局。

2016年，金地商置在深圳市场推出了"草莓社区"品牌。根据计划安排，金地草莓社区将于未来两年内实现三万间公寓的管理与运营。在产业地产方面，目前金地商置已拥有15个以上产业地产项目，包括北京、上海、深圳、河源、珠海、纽约、旧金山、洛杉矶等地。代表性项目有深圳威新软件科技园、上海8号桥、硅谷高科技产业园区等。对于产业地产未来的发展规模，金地提出了一个具体的目标：三年做到30个以上项目，面积600万平方米以上。

在金融领域，金地也是羽翼渐丰。2008年，金地与瑞士银行共同发起了国内第一支房地产美元基金，2015年金地又上线了互联网金融平台"家家盈"。时至今日，金地旗下的稳盛投资已经累计管理一支美元基金和二十多支人民币基金，累计管理规模折合人民币约341亿元。

金地过去数年的出色业绩，在某种程度上得益于凌克挖掘出了一个重要助手、有金地"少帅"之称的黄俊灿。这位毕业于英国威尔士大学（深圳）MBA、清华大学五道口金融学院EMBA的年轻人，从2010年起担任金地集团总裁。在黄俊灿的带领下，金地不仅在2016年实现销售破千亿，在金融领域的业绩也走在行业前列。

以黄俊灿为代表的出色经理人团队的存在，可以让凌克将更多的时间放在金地体育产业、教育、医疗和养老等未来业务的思考上。2017年12月，凌克前往美国佛罗里达，代表深圳和金地集团参与了WTA年终总决赛的竞标，并最终成功协助深圳取得了"2019—2028年"共计十年的WTA年终总决赛举办权。

2017年12月，凌克和深圳市文体旅游局领导与WTA的高层和董事会成员合影

对于网球运动，凌克和金地一直有一份特殊的情怀，也正因为于此，从2010年开始，金地就将体育产业当作了多元业务布局的重要一环，并取得了显著的成绩。

与住宅开发和销售业务相比，金地的多元化业务虽尚未完全成型，但金地的尝试从未停止。凌克坦言，目前金地依然是主业聚焦，对上下游及相关多元行业的投资还不是很大，因为地产始终是金地的最重要工作，对于其他行业以及海外业务，投资占比20%～30%就可以。

对未来负责

面对房地产行业的天花板，多元化只不过是金地寻求未来多种可能性的积极尝试。在金地看来，相关多元化的探索都是围绕着地产主业务来进行，包括健康产业、教育产业、家装行业等，目的是能够满足客户的多元化需求，这些业务并不会一下子做得很大，也不会对公司带来经营的压力。

对于未来房地产市场的走向，凌克的判断是有四大领域值得关注：住宅、出租公寓、写字楼和物流地产。

凌克认为，中国住宅市场的增长还有十年左右，金地会继续做好地产主业。现在一线城市的开发强度已经很高，比如深圳的强度已经达到95%以上。但二线城市的增长特别快，像武汉、郑州、成都这些城市的发展空间还很大。所以要把住宅继续做大做好，做大做强。而在进行住宅投资销售的同时，金地还将努力发展持有型物业，增加出租性收入的占比，做到公司的利润基本稳定。"今天大多数企业都把重心放在住宅开发上。在租金收入方面，还没有出现表现比较好的公司，但应该相信，总有一天这样的公司会出现。"

从行业的发展现状来看，房企多元化布局目前大多是"投易盈难"状态。跨入新行业需要时间培育，前期必然会有大量资金沉淀。对此，金地在多元化业务方面的审慎逻辑并不难理解，亦符合金地一以贯之的稳健风格。

在谈到对于公司未来的期望时，凌克曾这样表示：希望金地成为一个在地产全行业的方方面面都经营得不错的公司。另外希望金地从纯粹的住宅开发企业，变为最有价值的国际复合型企业，活得长久一点。

特区奇迹：改革开放浪潮中的天安数码城

温斯婷

在深圳车公庙立交的东北角，坐落着一片产业园区。这里不仅诞生了国内首宗"天使投资"、福田区首座"亿元楼"（年纳税额超过一亿元的楼宇），还孕育了首支由民营企业自行筹备、发起、运营的知识产权基金。作为全国第一家加入世界科技园组织（IASP）的民营科技园，这里是深圳福田的天安数码城园区，也是天安数码城集团总部所在地。

1990年，改革开放春潮涌动，深圳天安工业开发公司（下称"天安工业"）正式成立，也就是天安数码城集团的前身。

时至今日，天安数码城集团已经发展成为以产业园区投资建设及运营服务为主业，科技创新创业服务、投融资服务等多元化发展的创新企业解决方案提供商，其运营的各地天安数码城园区更是当地民营科技园区的标杆和创新创业的样板。其中，2002年，深圳福田天安数码城园区更被国家科技部评定为"国家级民营科技园"；2011年，广州天安番禺节能科技园被评价为"三资融合"示范园区。

作为城市产业发展与价值提升的重要引擎，天安数码城集团摸索出了自己独特的"土地资本、金融资本、产业资本"三资融合产业经营模式，也被业界称为"天安数码城模式"。在强调自主创新的今天，这是以外源性经济促进城市科技发展、产业升级、转变经济增长方式的主要内源性力量之一。

在产业升级和产品迭代的进程中，天安数码城带动了20世纪90年代以来深圳车公庙片区的日渐繁华，见证了深圳中小型企业的发展轨迹，推动了深圳区域产业转型的发展历程，成为深圳成长型科技企业、总部经济和战略新型产业为特征的经济发展引擎。

而从当年的工业园到工贸园，到21世纪之初的城市产业综合体，再到如今的创新企业生态圈专业运营商与创新企业解决方案提供商，天安数码城一直把握着时代脉搏，与改革开放同频共振，始终走在产业园区发展最前列。一如既往的创新精神驱动着园区的升级换代，并不断赋予产业繁盛生长的力量，天安数码城见证着改革开放四十年来中国经济社会的发展与变迁。

"天安数码城模式之所以能够取得成功，是内外部因素共同作用的结果，外部因素主要是抓住了时代发展机遇，内部因素在于天安数码城专注产业领域，不断与时俱进进行革新，打造了独特的创新企业生态圈发展运营模式。"天安数码城集团总裁杜灿生如此总结道。

见证并助力产业变革，天安数码城二十九年初心不改，澎湃前行。

❝ 创变车公庙

1990年，刚刚成立满十年的深圳经济特区，在经历了从村到城的巨变之后，站上了第二次转型的临界点。

彼时，改革开放带来的活力早已遍布城中每个角落，"三来一补"的加工业增长势头正盛，工业潮流大涨，建筑业也快速发展，工业用地基本用来建设厂房。

深圳在产业发展上百花齐放，特区内中小企业大面积批量诞生，但规模小、数量多、分布散等特点也同时存在。一派繁荣表象的背后，却难以组合成产业集群，构筑集聚发展的力量。

一片热火朝天之下，位于深圳西南方向的车公庙却还是一片荒芜。没有立交桥和柏油路，更没有车水马龙，驻足立望，目之所及仅有菜地、河沟以及鱼塘，与当时的任何一个中国农村几乎没有区别。项目刚起步时称为"天安工业村"。

"那是初春，带着满身春的潮湿，我踏上了'天安'这片土地。那块荒芜的空地的影像，迄今仍鲜明如初。当时那片杂草丛生的土地，却正是今天天安会所所在地。此时，它们在我的脑海中形成了黑白分明的对比。"在后来刊出的天安数码城员工纪实中，有一篇文章生动描写了当时情景。

这一片亟待开垦的郊区土地成了天安数码城梦想开始的起点。早于1988年中，项目已开始筹备。

1990年，天安工业结合当时的市场环境，以企业需求为导向，首先开发了两幢标准厂房，尚在建设阶段，就完成了预定的招商目标，引进了精量电子等一批行业龙头性外资企业。

此时的天安工业村将主导产业定位为"后厂加工"，以传统的"三来一补、出口加工"为主，区内企业主要有初级加工或组装企业，以及一般小型的机械、印刷、服装、塑料加工企业。

"不改革开放，只能是死路一条。"1992年，改革开放总设计师邓小平发表著名的南方谈话之后，产业园区掀起了对外开放和招商引资的新一轮高潮。

在这样的大背景下，1994年，深圳天安物业管理有限公司成立了，天安工业村的运营开始进入服务型管理的道路。

天安工业村运营服务体系建设，首先是对园区的产业配套规划和服务设施进行升级、完善。招商银行、工商银行等金融机构在天安园区"安营扎寨"，成为园区重要的金融服务商，与此同时，物流、商务以及生活服务相关的企业逐步入驻。

其次，"7-11"二十四小时便利店、肯德基的入驻，成为天安园区现代化的主要标志之一。在天安园区老员工的印象里，如今仍安驻在天安园区的肯德基是当年"最好的午餐"。

一系列的创新举措，让企业从小型、分散的生产经营模式迅速向规模化、集群化生产经营模式转变。短短数年间，天安工业村便成功实现招商入驻企业达100家，现代化产业园区的雏形渐显。

作为第一代工业厂房的建设者，天安数码城每一步的发展与建设并无先例可循。而正是这样一个创新模式的出现，按下了车公庙此后二十九年蝶变的启动键。

时至今日，车公庙早已成为深圳商业气氛浓厚、堪称最繁华的地段之一，其物业价值与CBD不相上下，园区年产值逾500亿元，税收超过50亿元。以这个占地30万平方米的土地为核心，二十九年来，天安数码城已服务创新企业一万多家，孵化、加速培育成长了如研祥智能、诺亚舟、得润电子、中海达等八十多家挂牌上市企业以及一百余家准上市企业。

以"敢为天下先"的精神，20世纪90年代，天安工业村落地深圳车公庙

升级与集聚

1999年世纪之交，改革开放进入第三个十年，世界产业环境也发生着

深刻的变化。一方面，以电脑、网络技术为核心的信息化热潮席卷全球，以信息化为标志的新经济革命已经来临，数码科技产业发展势不可挡；另一方面，由于工业园区的竞争越来越激烈，工业用地资源越来越有限，单纯依靠土地空间粗放式发展的工业园模式已难以为继。

科技创新引发新一轮经营变革浪潮，再加上传统加工制造产业产值有限，"香港'数码港'和北京'中关村'的成功给了我们启发，1999年6月，公司战略发展做出了重大决定——将传统的'三来一补'工业区升级为中小民营科技产业园区，向泛科技产业园转型"，并更名为"天安数码城"，相关负责人对"天安数码城"名称的由来做了阐述。

1999年9月17日，天安工业在工商资料上正式变更为"深圳天安数码城有限公司"。按照投资计划，新公司投资15亿元建设一个新的天安数码城，2005年建成包括"数码时代大厦"和"创新科技广场"I、II期，最终，整个园区开发的总建筑面积约80万平方米。

针对中小企业发展的特点，天安数码城园区的产品形态也匹配了中小企业成长阶段所需的户型面积来规划设计空间载体，以帮助企业降低经营成本。

"在科技产业园区时期，天安数码城以科技产业大厦、商业街区、公寓和住宅为主要形态，专注企业总部、研发、监测、产品展示、营销、售后服务等高附加值产业链，入园企业要求为高新技术企业。"天安数码城相关负责人介绍说。

规划落地速度之快，收效之巨大，出乎外界意料。有一组数据可以佐证：由中国（深圳）综合开发研究院发布的《车公庙片区统筹、深圳2049未来之城》报告显示：在1999年末，车公庙其他产业占比达41%，制造及研发企业、商贸企业和金融类企业的占比分别为30%、15%、14%。

这一次转型升级，使得天安数码城园区企业实现了从传统型、小型、分散的生产经营模式向创新型、规模化、集群化生产经营模式转变，而天安数码城自身也从十多年前的"车公庙天安工业村"完成了价值提升。

也是在同一年，深圳1999年末实现的生产总值达到1436.51亿元，按可比价格计算，比上年增长14.2%，高出预期目标

1999年，天安数码城成功向泛科技产业园转型

1.2%。其中，工业对深圳经济增长的贡献率高达59.9%，即在全市14.2%的经济增长中，有8.5%是由工业的增长带来的。这表明，在深圳国民经济各行业中，以高新技术产业为龙头的工业在1999年已经成为带动深圳市经济快速增长的主导力量。

迈向全国，"培土施肥"

在杜灿生看来，20世纪90年代如果没有深圳车公庙的成功，天安数码城也就不会有今天在国内主要经济圈扎根拓展的局面。"深圳天安数码城的成功对于我们集团来说是一个具有里程碑意义的起点，它不仅见证了改革开放四十年来中国经济社会的发展、变迁，而且也影响了天安数码城的现在和未来。"

广州天安番禺节能科技园是天安数码城在全国布局中的第一个重要里程碑。这一个面积不到500亩的民营科技园区，仅仅用了十年时间，年产值便已超过220亿元，培育孵化26家上市公司，土地产出效益是传统园区25倍。

2011年8月，胡锦涛总书记在考察广州期间，充分肯定了番禺节能科技园的做法，并提出希望园区进一步搞好服务，推动更多创新型企业特别

是中小企业走上发展的"快车道"。

同年，在科技日报记者采访天安番禺节能科技园时，时任中共中央政治局委员、广东省委书记汪洋在园区视察时精辟地指出，"不拼汗水拼智慧，不办工厂办园区，照样会有好效益"，总结了"土地资本、金融资本、产业资本三资融合"的"天安数码城模式"，并在广东加以推广。

独特的模式与定位，完善的运营服务体系，让天安数码城备受各地政府关注，邀约不断。

"我们确实收到许多地方政府的邀请，但我们仍会理性地进行甄别和选择。"天安数码城相关负责人说，"天安数码城最大的核心竞争力是强大的产业资源整合能力及自身的品牌效应。在每一处数码城的选址上做了许多探索，根据区域的差异、不同的业态环境，各地天安数码城都会有着不同的定位。"

平衡速度与质量，在有限的物理空间内实现效益最大化，天安数码城为自己设置了一条不容改变的发展路线。

"不管各个城市多么热情高涨，我们一直坚持'聚焦粤港澳大湾区，辐射一洲两圈'的战略发展目标，即围绕粤港澳大湾区、长江三角洲、环渤海经济圈、西南经济圈四大核心经济带进行规划和布局。这个战略圈层结合了国内区域经济发展的大趋势，有适合中小企业、民营企业成长的环境和土壤，其中主要城市的经济活跃度和发展程度，以及城市整体规划、战略发展方向和政府领导执政理念，都比较契合天安数码城的发展观。"杜灿生解释道。

聚集、聚合、聚变，是天安数码城对其开发运营理念的总结。具体而言，清晰的产业定位是这一理念实现的基石。在天安数码城的认知里，在项目落地前，除了做建筑规划，更重要的是做产业规划，即明确通过哪些产业来支撑项目主导产业的发展，倘若主导产业契合区域经济的发展主题，那么其将能够充分发挥项目的带动作用，从而实现产业要素的聚集，主导产业链的聚合，并最终形成产业集群的聚变。

以2015年落地的东莞凤岗天安数码城为例。园区在选址、建设时，凤岗地方政府就给予了充分的政策优惠、支持。作为东莞市的重大项目，凤岗天安数码城的开发突出一个"快"字，截至目前，其建设、招商和运营均取得显著成效，一期已引进近300家创新企业，包括电子信息、智能制造、物联网、信息技术、文化创意、软件开发等行业企业。

"我们没有逃避与脱离原地方产业基础的转型升级去简单地再造新产业，而是因地制宜，通过我们的产业研究，谋划落地新产业，来推动新旧动能转换，加速孕育和积聚经济新动能，助力整体的可持续发展。"杜灿生重点强调，这一做法的关键在于"培土施肥"，在过去地方制造业或者其他传统产业的基础上做加法，配合战略性新兴产业形成新动能。

目前，东莞市凤岗镇正规划建设10平方千米左右的"人工智能"特色小镇，努力打造成为东莞东南组团继赣深高铁塘厦站片区后的第二个产业"引爆点"，争取建设成为中国"人工智能"科技发展高地，而凤岗天安数码城正是"人工智能"特色小镇的两大中心之一。可以预见，未来天安数码城必将在东莞加速创新驱动发展、产业转型升级中发挥更为重要的引领和带动作用。

截至目前，天安数码城已在全国11个城市落地15个天安数码城项目，实现了从广东走向全国。

深圳福田天安数码城全景

❝ 赋能中小企业

如雨后春笋般发展起来的各类产业园区，在加速城市现代化进程、提升城市软实力及优化城市经济结构等方面起着越来越重要的作用，同时也面临着越来越激烈的竞争与挑战。

随着创新创业升级，中小企业对园区软实力方面的要求也在逐步提高。作为深圳第一个主要针对中小企业的产业园区的打造者，天安数码城很清楚，在后产业园区时代，服务企业成长、提供成长解决方案才是未来战略发展重点。

天安数码城一直坚信"中小企业能办大事"，作为中小企业成长的摇篮，天安数码城专注于企业全生命周期孵化及培育，要做企业的"时间合伙人、空间服务商"。正因为此，中小企业在园区中是否能得到更快的成长，亦是天安数码城检验项目成功与否的重要指标。

产业振兴、企业成长之关键，在于产业链、金融链、创新链的融会贯通。为了给中小企业提供精准服务，天安数码城在园区内构建了一个健全的服务平台，这个平台是由政策支持、产业链、商务交流以及生态环境等多个细分平台聚集而成，最终形成创新企业生态圈。

围绕以创新企业生态圈建设运营为核心，以智慧空间和金控平台为支撑的"一体两翼"发展战略，近年来，天安数码城加速整合园区产业生态要素，进一步完善对高成长企业的服务体系，促进园区企业乃至天安数码城园区辐射区域的产业快速成长。

在这个过程中，天安数码城在股权投资基金、国际产业资源整合、产业研究及知识产权保护这三个方面精耕细作，先后推出科技金融服务平台——天安金控；科技创新成果对接平台——1发布；企业品牌营销服务平台——天安商界；国际创新资源对接平台——国际直通车；产业研究创新平台——FABIE产业研究中心；知识产权保护平台——天安数码城知识产权发展基金以及知识产权保护联盟、知识产权服务中心等服务内容。

集团于2015年正式成立天安金融控股（深圳）有限公司（下称"天安金控"）。天安金控践行天安数码城"一体两翼"战略部署，秉承"产融结合、金融创新、内外联动"的业务理念，通过多维度契合园区企业全生命周期发展需求，建立了包括产业投资、股权投资、债权投资、基金管理、投行服务、财富管理等综合金融服务的业务体系。

目前，天安金控频频发力，通过自有资金或管理资金的方式完成对五十多家初创型优质企业的股权投资；建立了天安企业项目池，入库企业逾350家；联合政府力量撬动社会资本，落实深圳福田区、龙华区、龙岗区等政府引导基金申报工作；联合上市公司发起两支并购基金；发起科创贷基金，以"债权+期权"方式投资于园区内轻资产型的新科技、新模式的创新型企业。

广东每通测控科技股份有限公司（下称"每通测控"）便是其中的受益企业之一。作为中国本土第一家做手机自动化测试的智能制造企业，每通测控拥有世界上第一条无人手机测控生产线，包括华为、OPPO、vivo等手机品牌商都是其重要战略合作伙伴，并已经在新三板挂牌上市。

"我们将全球研发中心和全球事业中心落户天安数码城之后，发现招

东莞天安数码城

聘高端研发人才和管理人才更容易了，更关键的是，也解决了我自己一个人在工业区单打独斗的局面。在这里，我感受到了浓郁的'人人为我，我为人人'的正能量氛围。"每通测控董事长熊逸民说，东莞天安数码城内智能制造企业目前有一百八十多家，其中有不少都是智能手机产业链里的企业。每通测控入驻后，也积极投入到园区共建共享活动中，寻求公司智能产品和市场资源与园区上下游产业链公司的开发合作。

企业的营收数据则有着更直接的反馈。作为三项国家行业标准的起草单位成员，广东兆天纺织科技有限公司自2014年进驻天安数码城以来，营收从当年的1920万元激增到2016年的7200万元，2017年主营收入已超过1亿元，并成为国家高新技术企业，2018年5月份已实现在香港上市。

2018年，天安数码城集团提出全新定位——创新企业解决方案提供商。按照杜灿生的说法，这一品牌定位与"创新企业生态圈"并驾齐驱，不是替代而是升华与提炼。"它是创新企业生态圈里生态体系的一部分，在这个生态圈里天安数码城集团自身升级为一个创新企业解决方案供应商，让这个生态圈的资源能够调配得更加合理、有效，让生态圈里的所有运作更加健康及可持续发展。"

"以客户为导向、以企业为中心，产业园区才能真正成功，这是天安数码城始终坚持的初心，也是天安数码城不懈奋斗的方向。我们要把天安数码城打造成为企业成长、倍增、加速的摇篮。"杜灿生表示，随着"创新企业解决方案提供商"服务体系构建完成，天安数码城将整合各类企业服务平台，深度参与和驱动企业成长、产业发展。

在权威机构评测的"2018中国产业新城运营商"综合实力排行十强中，天安数码城以提供完善的创新企业解决方案和运营服务体系位居前五。

聚焦粤港澳大湾区，连接国际发展

改革开放四十周年之际，粤港澳大湾区这一具有中国特色的世界级城市群和国际一流湾区加速成型。2018年8月，粤港澳大湾区建设领导小组第一次会议提到，要积极吸引和对接全球创新资源，建设"广州—深圳—香港—澳门"科技创新走廊，打造粤港澳大湾区国际科技创新中心。

扎根深圳的天安数码城，项目主要分布在广州、深圳、东莞、佛山等地，与粤港澳大湾区规划的城市群不谋而合。站在变革时代的风口，天生自带区位优势的天安数码城志在更进一步，成为未来超级都市圈联动发展的强大动力。

从最初的工业园——工贸园——泛科技产业园——产城融合的企业公园，到推动企业进化——产业进化——城市进化，作为一种超凡的市场经济组织力量，天安数码城在推动产业转型升级的同时，对城市进化过程也一直在发挥着巨大的作用。

源于香港，起于深圳，国企与港方合资的天安数码城自诞生之日起便是深港合作的典型代表。作为国内首批涉足民营科技产业园的企业，天安数码城拥有深厚的港澳台资源，积累了服务1000多家港澳台资企业及与港台服务机构合作的丰富经验，尤其在探索深港产业联动、服务深港企业的过程中起到行业标杆作用。据了解，天安数码城集团两大股东方——深圳市属国有企业深业泰然（集团）股份有限公司和香港上市公司天安中国投资有限公司（HK.00028）在粤港澳大湾区物业投资超过130个项目。2017年在大湾区投资在建的项目总数为37个，占地面积超400万平方米。

实际上，为了加强深港两地科技产业园区的交流与合作，实现资源共享与整合，促进深港两地高新产业优势互补，早在2009年12月11日，深圳龙岗天安数码城就与香港科技园签署了战略合作协议。双方共同谋划，共建深港IC产业基地、共享技术服务平台，实现资源优势互补，并为科技企业研发中遇到的技术检测问题提供一条绿色通道，促进企业自主创新。

这种资源联动后来也扩展到天安数码城在广州、东莞以及其他园区。如广州天安番禺节能科技园，已连续多年与广东省有关部门共同举办"赢在广州"大学生创新创业大赛。经过多年发展，"赢在广州"创业大赛积极搭建项目选拔、对接推介、落地转化的平台，已成为珠三角地区有重要影响力的创业品牌赛事和海峡两岸青年人才创新创业的最佳舞台之一。

广州天安番禺节能科技园

作为粤港澳三地间的桥梁和纽带，从粤港澳交流平台、市场的对接与搭建，到创新创业成果的推动落地，再到人才技术的交流与匹配，天安数码城在粤港澳大湾区的蓝图上早已色彩纷呈。

依据杜灿生总裁对天安数码城的构想，未来的发展战略，除了聚焦粤港澳大湾区建设、在模式上注重轻重平衡外，在资源整合上也将进一步拓展国际化创新业务，让园区企业充分享受到天安数码城对国际创新资源整合的惠益，受益政策优势、信息优势、产业资源整合优势，加快创新发展步伐。

为了帮助园区企业对接国外前沿技术、吸引海外人才、开拓国际商机，天安数码城主动探索集团自身国际化、多元化发展战略，不断增进与深化国际交流与合作，在"引进来"的同时积极尝试"走出去"。

"我认为目前国内的企业面临着如何走入国际市场的问题。天安数码城除了引导民间企业在国际间交流外，近年在与法国、德国等发达国家的政府寻求合作，我们尝试通过'走出去、引进来'的双向发展模式，带领企业走进国际舞台，也引进合适企业落地中国，打造一个更开放的世界性发展平台。"杜灿生说。

2017年，天安数码城与法国伊夫林省签署了天安数码城中法联合创新中心的合作协议，这也是深圳十大海外创新中心之一。

目前，天安数码城已开通10条国际直通车，与美国、以色列、法国、德国、英国、日本、韩国、澳大利亚、加拿大、立陶宛等国际机构合作共建国际化创新平台。"通过国际直通车，助力园区企业对接国际创新资源要素，实现国内外创新企业在人才、技术、资本、信息等方面相互借鉴、资源互通、共同成长。这也是天安数码城顺应国家'一带一路'倡议，积极开拓国际市场的表现。"杜灿生说，"我们一直致力为'创新企业生态圈'的可持续发展创造更多的可能性。"

从物理空间的提供、智慧园区的运营，到资源对接、平台搭建，乃至孵化上市、出海扩张，二十九年，天安数码城集团已发展成为国内领先的创新企业解决方案提供商，为中小企业提供从苗圃到成长壮大所需的全部养分。而半个甲子初心不易的天安数码城，亦出落得卓然玉立，葳蕤生辉。

新时代，新机遇，新征程。站在下一个创新变革时代的开端，天安数码城集团将坚持"聚焦粤港澳大湾区，辐射一洲两圈"的战略布局，立足国际发展的大视野，以"引进来、走出去"汇聚更丰富的国内外产业资源，使天安数码城平台成为全国乃至国际更多中小企业成长发展的选择。而"创新互动、技术互享、市场互利、文化互融"的天安数码城，势将协助更多企业成就未来。

祈福集团：第一邨二十七年"慢火煲汤"

胡天祥

　　1993年，时任国务院副总理的朱镕基来到位于广州番禺区的祈福新邨（同"村"，常特指社区）视察，看着两年前还是一片荒地如今一排排整齐划一的房屋拔地而起，朱镕基感慨地说："如果每个开发商都像祈福一样不浪费一分耕地，我就放心了！"

　　朱镕基赞誉祈福新邨为"中国第一邨"，它的缔造者叫彭磷基。

　　1991年，已是香港籍的祈福集团董事长彭磷基与配偶孟丽红（现任祈福集团副董事长、祈福生活服务主席）受政府邀约回到家乡（番禺钟村）投资考察。在此之前，彭磷基治下公司已接连承建了香港锦绣花园、澳门回力球场、台湾台北小城等多个项目，在业界小有名气。

　　"我为什么不选择在香港搞房地产呢，在香港我开发房地产赚的利润是这里的几倍，我选择回内地，因为当时这里的领导希望我能够把房地产作为一个龙头拉动当地的经济，房地产开发好了带动八业兴旺，钱少赚了没问题，有机会为国家作点贡献是非常有意义的事情。此外，我觉得搞房地产一定要给到市场一个示范的作用，现在华南板块每一个项目都有我们的影子。"彭磷基在接受媒体采访时如是说。

　　虽然对房地产开发满怀一腔热血，但挑战也接踵而至。"20世纪90年代初，内地的房地产事业几乎可以说是一片空白。项目很多都是小打小闹，没有三通一平（通电、通路、通水、土地平整），也没有很好的管理和规划。而当年的钟村地块（现祈福新邨用地）也只是一片荒地，地块内几个养鸭子的水塘一年产值只有几千块。"孟丽红在接受时代周报记者专访时表示，当时他们就决定应该将外面的所见所学及具体经验全部带进内地，把钟村地块好好利用起来。据孟丽红回忆，第一期公司拿下了约1500亩土地，后面随着项目的热销，公司也在不断追加建设用地及调整规划。

如今，祈福新邨占地面积已达7500亩，居住人口超20万人，俨然一座县城。孟丽红告诉时代周报记者，祈福新邨目前还剩下约600亩土地，预计还有五年的开发期，其产品包括住宅、商业和办公楼。

煲汤效应

彭磷基第一次回内地是1972年。"当时我参加的是广州交易会，好奇地想看看国家是怎样的，带了5000元，跟了一个亲戚回来。那时候也想做一些投资，但是当时的政策还没有放开。到了大约1982年或者1983年，当时的番禺县政府通知我，说找到了我们家的祖坟，于是，我们全家一行9人，包括我的父亲和伯父，第一次回到了番禺。后来才慢慢开始了这个祈福新邨的投资。"彭磷基回忆称，开发祈福新邨之前，自己就有一个梦想，那就是作为开发商能够有机会去完成这样一个项目，广州给他提供了任何地方都难以比拟的条件。

彭磷基说，祈福的面积大概相当于整个尖沙咀区（位于香港），这里的售楼部空间非常宽敞，在香港的同类场所远远不及。在这里他充分实践了他的追求，将他对商业、对房地产的理解最好地贯注在行动中。同时也为国家在房地产开发方面起到一定的示范作用。

但问题在于，祈福新邨所处的华南板块在20世纪90年代初依然是农田、鱼塘、工业仓库林立，且公共配套缺失。按照广州一位业内人士的说法，过去华南板块由于处于"三不管"，各大楼盘被迫自力更生。

"因为没有市场，所以彭磷基刚开始没有立刻开发住宅，他先做产业，在番禺创办钟村工业园（20世纪80年代）。发展到一定程度，当地的配套成熟后，他就可以打造大型项目了。"曾为祈福新邨顾问的世联行首席执行官黎振伟对时代周报记者表示，祈福新邨是华南板块的大盘发起者之一，它的特点就是香港背景，更重要的是启发于香港郊区发展理念下，特别是卫星镇概念，彭磷基就是看到了广州经济发展到一定程度必然是走向郊区化、向外围发展的趋势。

"祈福新邨最初的投资是1.5亿元，这是一个和政府合作的项目。番禺政府占49％，我占51％。开发遇到的困难都是出现在祈福刚刚启动的时候，那时候国家号召我们要利用荒地。于是我尽量利用荒地来开发房地产。当时的土地一面是山，一面是沼泽，开发的成本很高，我把有限的资金都投入到了土方整理中。第二个困难是当时的地方保护主义，他们要求我一定要找当地的建筑商，但当时这里建筑商的素质不是很高，有些工程达不到质量要求，于是我坚持按照合同办事，质量不行一定要停工，重新来做，后来建筑市场才逐步放开，可以自己去找建筑商，成本降低了，质

位于祈福新邨半山区的祈福名都

量提高了，时间也缩短了，慢慢走入市场化轨道。"彭磷基认为，做房地产有两点很重要：第一个考虑的就是交通，然后才考虑环境和买客，番禺位于广州、澳门和香港的中心点，在珠三角位置优越，经济发展前途非常好；第二是定位，当时就把这里定位成是香港人回乡度假的地方，定位定好了，销售就没有太大的问题了。

此外，为了增加项目卖点，彭磷基还在祈福新邨首创性地设立了大型售楼部，培训专业售楼员，提供售楼书、模型、电视广告、设示范单位等一系列的营销硬件及软件设施。

1991年冬，祈福新邨首次发售，买家带着被子提前一天前来排队，五百多套别墅在两小时内被抢售一空。先天地理条件并不优越的祈福新邨打破了"地段，地段，还是地段"的传统教条。"当时第一期开卖，八成是香港人买。"孟丽红告诉时代周报记者，因为首期主打的是度假概念，联排别墅一栋才19万元，所以就吸引了很多香港客户过来购买。有媒体报道称，在当时，很多香港人甚至"只识祈福，不识番禺"，你得解释"番禺就在祈福新邨那里"，他们才能明白。

"后期由于购房需求的增多，我们的产品也不断更新换代，从4层楼房变成6层，再从6层变成18层电梯房。"孟丽红告诉时代周报记者，虽然高度在增加，但在每一个组团都会打造一个人工湖，保证业主推开窗就能看到湖。

不只是产品在更新换代。1992年，祈福新邨第一个会所开业，开创住宅区拥有会所先河。彭磷基还于1996年、1998年分别投资2.3亿元和1.5亿元建成学校，从小学贯穿至大学；2002年彭磷基还投资10亿元兴建三级甲等医院——祈福医院。不仅如此，为节约水资源及保护环境，在没有先例、没有政府要求的情况下，祈福新邨还主动斥资4000万建设污水处理厂，将每日小区内产生的生活废水全部处理后或排放或循环利用。与此同时，祈福还在社区第一个引入了楼巴，每天有逾千班次二十四小时的巴士来往于广州、深圳及港澳等地。祈福集团一位内部员工告诉时代周报记者，祈福新邨楼巴年年亏损，但为了方便业主出行，公司每年都会给楼巴补贴上百万。

此外，为了保障业主权益，在法律规范方面，祈福集团还是第一个采用规范房屋买卖合同的房地产商。在祈福的房屋买卖合同制定出来两三年之后，其他开发商纷纷开始效仿这种合同模式，此后政府出台相关法律，很多条文都是直接或间接地参考了祈福最初的合同内容。祈福集团还第一个推行了港式物业管理合约，在内地几乎没有物业管理概念的时候，祈福集团已将小区住户需要遵守的条约写得清清楚楚，比如规定不准在外立面安装防盗网。在祈福新邨这个规定出来两三年之后，广州市出台了不准装防盗网的政策。

据媒体报道，凭借不俗产品与配套，祈福新邨在1996年、1997年两年内，接连售出5300多个单位，销售额达23亿元，上缴税收9600多万元。2000年后，祈福新邨还多次卫冕广州市销售冠军。

智纲智库创始人王志纲曾赞誉祈福新邨说：该项目打破了房地产开发"地段，地段，还是地段"的传统教条，也赢得了"中国第一邨"的美誉。如果在欧洲，祈福新邨已经是一个城镇的概念。

"我把祈福现象喻之为煲汤效应，老火靓汤与掺入味精的滚汤，也许喝起来味道没有多大区别，但营养价值却有较大区别，只有来自于产品、配套和售后服务全方位的老火靓汤式务实开发，才能在造就良好市场口碑的同时带来良好的销售业绩。"彭磷基经常总结说，急功近利的开发理念要不得，因为消费者是清醒而挑剔的，能够辨别你是不是真心为他们着想。

即便如此，对于这一超级大盘，彭磷基仍抱有些许"遗憾"。"最初只拿了1500亩的土地，所以第一期盖的房子密度很高，规划也不合理。如果当初知道能拿到后面的土地，祈福新邨的整体规划就不会像现在这个样子

祈福集团打造的旅游体验中心——祈福缤纷世界

了，比如我们肯定会把祈福湖规划在祈福新邨的中央。"彭磷基如是称。

不追求"遍地开花"

在祈福新邨开发数年后，以星河湾（1200亩）、锦绣香江（4000亩）、华南碧桂园（2000亩）、南国奥林匹克花园（3000亩）、雅居乐花园（4800亩）为代表的千亩大盘不断涌出，大盘开发模式真正成为全国房地产开发的潮流。"中国楼市看广州，广州楼市看华南"，房地产界曾广为流传的这句话，折射的是华南板块开启中国超级大盘时代的意义。

2001年，在《地产巨鳄备战番禺》一文中，王志纲总结说："华南板块有两个与其他板块不同的显著特点，一是同一区位上汇聚了小者近千亩、大者数千亩的七八个超级大盘；二是这些大盘的开发商不是曾经有过优秀业绩的行业名牌，就是一直深藏不露的实力派。"

而彭磷基正是最早看中华南板块商机的开发者。"可以这样说，当时的华南板块，祈福是先行者，整个华南板块的大开发是我们带起来的。"彭磷基很是骄傲。

然而，当碧桂园、雅居乐、奥园、星河湾等多家房企纷纷顺势向外扩张时，祈福集团却始终按兵不动。直至2002年，固守祈福新邨十一年之久的祈福集团宣布结束一盘独大的过去，斥资60亿元进军佛山南海，计划打造面积高达533.33万平方米的祈福南湾半岛。自2004年入市以来，该盘至今依然在售。

2006年3月28日，祈福宣布斥资200亿元进军花都，涉及住宅房地产、星级酒店及旅业、航空物流、商场及工业园等16个大型项目，项目包括祈福辉煌台、祈福都会、祈福黄金海岸等。2007年，祈福将目光投向广东肇庆，其中在肇庆南岸投入约40亿元，打造祈福海岸项目，此外，祈福还将触角拓展至港口物流等行业。2011年，祈福集团将业务拓展到江西，开发别墅产品——祈福美庐。

但2011年后，祈福集团的地产业务版图再没有继续扩大，在售项目依然集中于广州、佛山及肇庆。克尔瑞数据显示，祈福集团在2017年实现销售金额51.3亿元，反观华南板块其他房企，碧桂园、雅居乐、奥园、星河湾分别在2017年实现合约销售5508亿元、897亿元、456亿元、118亿元。

"祈福一直没有扩张，他（彭磷基）这个人很踏实，并没有到处发展。如果是个生意人的话，他就可以到处克隆。"黎振伟对时代周报记者表示曾听彭磷基说过，如果他到处去做，他的队伍成长没有，经验成熟没有，如果没有，他就不会开始第二个、第三个。

"我认为'人的精力有限，而市场是无限大'。一个企业发展战线太长、太分散，很容易因管理不到位或因出现问题处理不及时而导致一棋不慎满盘皆输的情况。"在彭磷基看来，祈福集团发展项目一向量力而为，不会不切实际地追求项目的"遍地开花"，"因为我考虑到对于一个有八千多员工的企业来说，公司不能出错的，还得对员工负责。"

"我们不追求量，而是追求品质。之前也有开发商想用我们的品牌，被我们拒绝了。"孟丽红告诉时代周报记者，尤其在当前房地产市场调控的大背景下，你不可能保证每天都可以卖这么多的房子。

"凭实力考进暨大"

祈福一位内部人士告诉时代周报记者，祈福之所以最近几年在地产业务上减少投入，实际也和老板（彭磷基）的选择有很大关系。"老板现在主要精力都放在教育、医疗上面，地产这块就只把现有资源开发好就行了。"上述人士表示。

据媒体报道，曾经如愿考上香港大学医学系的彭磷基因家庭困难不得不弃医从理，但他始终对学医念念不忘。"当初是因为家里负担不了学医费用而攻读建筑的，学医才是我从小的梦想，我很享受那种攻克难题、挽救生命的感觉。"彭磷基在接受媒体采访时说，"治好一个人我真的很开心，走了一个人我好几天都不舒服。所以我真的很拼搏，不停学习，不言放弃，有什么比生命更重要？我希望所有人正常都能活到一百岁。"

2001年，寄托着彭磷基医学梦想的祈福医院落成启用。"鉴于我国目前还没有一座冠之以'国际'头衔的医院，因此我希望通过自己的努力使祈福医院成为全国第一家评上'国际医院'的医院。"彭磷基如是说。据祈福集团提供的资料显示，2001年至今，祈福集团已对医院累计投入达30亿元，全院共有临床医技科室42个，门诊诊室200余个，床位2100张，对标国际先进设备约1400套，汇集了逾千名国内外专业医护药技人才。

"全国没有哪个楼盘会办这么大规模的医院，这是他将学医的愿望寄托在祈福医院上，"暨南大学副校长、病理生理学教授陆大祥曾对时代周报记者如是称。彭磷基亦表示，建医院不是为赚钱，为赚钱就不建医院，否则可以把建医院的那十个亿投资到别的行业，获取高额利润。

为了继续践行医学梦想，2006年，彭磷基还开始在暨南大学深造医学。三年的博士研究生学习，彭磷基几乎从不缺课，其论文更是得到答辩委员会给予的"优秀"评级。"我给很多大学捐过钱，要送我博士学位的学校多了，我才不要，考入暨南大学医学院，我完全凭实力，考试前我花了一年多时间把中西医学课本系统学了一遍，四个小时的笔试不能带手机进场，根据成绩高低入选进入面试，最后只有两个人被录取。"彭磷基认为，他读中西医结合治疗肿瘤，不是为了拿博士学位，而是真的想在肿瘤治疗方面获得突破。

事实也是如此，据媒体报道，在他的带领下，祈福医院近年来攻克了不少医学难题，比如糖尿病人可以不用截肢，有些肿瘤病人可以看到肿瘤在逐渐缩小。"他对学问非常认真，实事求是。"陆大祥表示，彭磷基专门在祈福医院里面建立自己的实验室来开展实验。其绿色治疗更是为医学界所津津乐道。

此外，彭磷基还经常上讲台为祈福新邨业主免费开讲健康知识讲座，并将自己几十年的潜心研究写成《肿瘤绿色综合疗法》等著作，与业主和市民分享。如今，彭磷基家里的书房相当于一个中型图书馆，其中绝大部分是中医药文化和现代医学书籍。

医疗之外，彭磷基最重视的便是教育。"与其当一个人穷困潦倒的时候才去救济他，不如在他小时候提供好的教育，改变他一生的命运。"在彭磷基看来，多赚钱就要多捐钱，捐赠是每个市民的责任，帮助人不看多少，重在心意。彭磷基的捐赠侧重在教育方面，因为少年强则国强，中国的未来就在学生身上。孩子是国家的未来，教育普及，国家才能兴旺发达。

资料显示，1983年，彭磷基首次随父回乡祭祖，看到当时广州番禺钟村村办小学以寺庙为教室，不仅漏雨，连黑板桌椅也不全，彭磷基当即便将自己仅有的60万元捐出来，为村里捐资修建一所小学，起名"钟村育英小学"。1999年，彭磷基出资2000万元，在广西百色兴建百色祈福高中。如今，祈福集团已斥资6亿元先后创立了8所幼儿园、2所小学及2所中学，均为省一级学校。2003年，彭磷基、孟丽红伉俪还捐助2080万元设立"新长城·彭磷基助学金"，连续十年资助了6省、区的52所高校共2400名特困大学生生活费用。2015年，孟丽红再次捐助3000万元设立"新长城·孟丽红助学基金"。

社区价值资本化

之后数年，醉心于教育及医疗行业的祈福集团，在地产业务上鲜有声音。直至2016年，祈福重新迎来高光时刻。是年11月8日，祈福生活服务正式在香港挂牌上市。

资料显示，祈福生活服务成立于1998年，2008年开拓零售业务，2011年拓展餐饮服务及配套生活服务，2017年新增资讯科技服务。至此，祈福生活服务已成功构建起了一个包括物业管理、零售服务、餐饮服务、资讯科技服务及配套生活服务的多元化业务组合。

"我们不是一家传统意义上的物业管理公司，我们是一站式全方位的生活服务公司，也是目前为止唯一一家拥有这种商业模式的公司。正因如此，我们的侧重点不在物业管理的体量有多大，而在将来如何扩充、发展几大板块的业务。"孟丽红在接受媒体采访时指出，单纯的物业管理，会有项目的局限，别人管理的项目你就不能再管理，蛋糕是有限的。但祈福的模式，蛋糕是无限的。因为祈福可以突破项目、地点的局限，在不同的地方，就算不是祈福管理的地方，也可以复制业务。例如可以在任意合适的地方开设超市、教育城等，而不一定要选择在社区里。在别人管理的地方，祈福同样可以开展合作，提供别人没有的资讯科技、智能化等业务，完美融合。

2017年，祈福生活服务收入同比增长11.7%至约人民币3.65亿元，毛利增长17.1%至约人民币1.52亿元，毛利率提升1.9%，至41.5%。2018年上半年，祈福生活服务收入同比增长7.6%至约人民币1.86亿元，毛利增长18.0%至约人民币8508万元，毛利率升至46.0%。截至2018年6月30日，祈福生活服务共为15个住宅区及3项纯商业物业提供物业管理服务，合计管理面积约为687万平方米；营运15家不同规模的零售店，总建筑面积约为1.2万平方米。此外，还包括在广东营运8家餐饮店，总建筑面积约为1300平方米。

克而瑞分析师蔡建林认为，祈福生活服务业绩贡献主力来源于餐饮和零售，这部分业务的毛利水平和利润空间相对物业管理业务较高，并且作为大型社区商业的重要组成，未来可能成为讲O2O社区故事的重要基础。

"物业公司的盈利主要包括物业管理服务和增值服务，对于未来物管公司应大规模扩张其物业商业品牌，同时积极探索社区O2O产业链的新兴盈利模式，通过多个社区服务端口实现盈利增值。此外，将社区管理与互联网相结合，打造智能O2O社区，实现物管盈利。"中投顾问房地产行业研究员韩长吉表示，大型房企分拆物业公司单独上市，一是扩大房企融资规模；二是推动传统物业公司改革，促进轻资产模式扩张，提高盈利点。

安信证券预测，资本对物管行业的关注，将进一步提振行业，受到资本青睐的公司也将背靠资本力量，不断扩大版图，充分发挥物管行业规模效应优势。中国指数研究院常务副院长黄瑜表示，对于物管行业来说，目前扩大规模仍是主旋律且是企业未来发展王道。她提出，当下物业百强企业规模扩张主要手段是兄弟公司助力与市场拓展为主、理性并购为辅、平台输出与模式创新有效补充。

对于今后的扩张，孟丽红也表示，公司将不断增加管理的住宅单位的总建筑面积及数目，扩大服务覆盖范围，推动收益增长。此外，集团将有意收购合适的物业管理公司且进一步拓展零售店、餐饮店网络及校外培训服务。

第三章

坚守

改革开放四十年来，中国企业既锐意进取，又坚守初心，中国大地焕发出勃勃生机。对于金融机构而言，在坚守金融科技高质量发展的同时，也要坚守金融本质，坚守赋能实体经济的本分。

近几年来，随着科技创新的空前发展，其对金融业的影响是前所未有的，产生了多种多样的金融创新。但无论是互联网金融还是金融科技，改变更多的是金融服务的方式和形态，金融的本质并没有改变，那就是信用与风险。

银行业是金融业最重要的组成部分。对银行业而言，银行创新的基石依然是风险管理，其最核心的本质，是要服务实体经济，要把资源配置到实体经济那些最薄弱、最需要的地方去，不断提高服务实体经济的水平。

北京银行：用二十年，讲一个中小银行腾飞的故事

刘娟

北京金融大街丙17号，109.28米、28层高的北京银行大厦，是国家金融版图上醒目的坐标。在这里，北京银行的发展脚步融进了大国崛起、金融腾飞的时代大潮。

二十多年间，北京银行从濒临倒闭的小银行脱胎换骨，至今表内外总资产规模达3.27万亿元，较成立之初已经增长了160倍；按一级资本在全球千家大银行中排名第63位，品牌价值达449亿元，并连续多年跻身全球百强银行，成为中小银行的一个标杆、一面旗帜。

在全球任何一个市场中，这样的发展历程都堪称奇迹。北京银行二十余年奋斗史，正是中国金融制度创新与机构创新的成功范例，是一部反映中国经济腾飞的创业史诗，是一首时代与企业的命运交响曲。

事非经过不知难。北京银行二十年辉煌业绩，伴随的是二十年艰苦奋斗。从生死存亡困境中爬起来迈向市场，从激烈竞争夹缝中钻出来拓展市场，从战略创新实践中站起来引领市场，不论是体制机制转轨过渡，还是化解风险、增资扩股、拓展市场，北京银行的每一次转型、每一次跨越，无一不与北京银行上下改革创新的勇气、智慧相伴而生。

作为金融改革开放的见证和缩影，北京银行，就如这股大潮中的一滴水，折射出这个时代的伟大。一滴水，看似微不足道，但千千万万滴水汇

集起来，必将成就中国金融崛起的时代洪流。

负起点创业

1995年，这是个特殊的年份，一场里程碑式的金融体制改革正在举国上下展开。

这一年，全国人大陆续通过了中国首部商业银行法、保险法、票据法等重要法案；这一年，影响深远的财政分税制改革起航不久，它将在日后成为中国经济快车的关键燃料；这一年，为化解城市信用社积累的金融风险，国务院决定在北京、天津、上海等五个城市试点组建城市合作银行。

北京城市合作银行（北京银行的前身）的故事，就起于这个春夏之交。北京市委、市政府委派专业团队参与北京城市合作银行的组建与管理工作。时代的洪流裹挟着这群人的命运，奔向茫茫然未知的前方。

在当时，摆在他们面前的，是个不折不扣的烂摊子。用今天的眼光来看，这是一场"零起点"，乃至"负起点"的创业。

北京城市合作银行的前身，是90家经营管理参差不齐、规章制度遗漏不全、队伍素质良莠不齐、风控机制差的城市信用社。这些信用社自成体系，各自为政，既没有树立起一级法人的观念，也没有自觉地进行规范经营。

"突击放款、突击花钱、突击进人"，这个"三突击"现象是不愿配合的城市信用社给当时领导班子的下马威。由于触动了个别人的利益，多名中高层管理人员遭受恐吓、棒打、刀砍、硫酸毁容等极端报复和生命威胁。再加上震惊首都的"8·27"抢劫运钞车案件，可以说是内忧外患，压力巨大。

如何才能将这90家信用社、6000多员工、150多家网点、200亿元资产无缝整合到位？

"稳定根基，兼顾利益"这八个字成为当时领导班子的行动方针，他们首次亮剑"成立党组织"，用93个党支部及党章党纪稳住了各怀心思的人，暂时遏制了一些想浑水摸鱼捞一把的人。这条宝贵的经验一直沿用至今。二十多年来，北京银行党委始终坚持以党建引领全行各项业务发展，也成了北京银行的一大特色。

在当时，他们提出了一个口号：第二次创业；提出一个目标：全行抓存款；提出一项政策：既往不咎，一定要实现平稳过渡。

但许多信用社股东对未来发展并没有信心，在组建时强烈要求退股。领导班子带头购买，并积极动员亲戚、朋友、客户等自然人认购股份，最终逐步完成了这部分股份受让工作。

至此，北京城市合作银行终于艰难起步了。

1996年1月8日，新年的钟声刚刚敲响，北京城市合作银行在北京市宣武区右安门大街65号一座简陋的五层小楼前，举行开业仪式，并立誓："我们是一家新型的股份制商业银行，要把一家现代化、规范化的一流银行带进21世纪。"

❝ 最惊险的考验

1996年底，在全行抓存款的战略引领下，北京城市合作银行用短短一年时间便实现了46%的存款增速。但没人料到，一场猝不及防的伏击战正要密集开火，这仗，一打就是十年。

1998年，北京城市合作银行更名为北京市商业银行（2005年，"北京市商业银行"更名为"北京银行"）的同期，原中关村城市信用社严重违法账外经营案件爆发，案件发生额高达239亿元，最终造成损失67亿元。

这一案件涉案金额之大、涉案人员之多、影响之恶劣、案情之复杂实属罕见，震惊了首都金融界，是当时全国金融第一大案。若任其发展，破坏力不亚于一场"8级地震"。

1998年4月18日，北京市相关部门成立"4·18"专案组，对"中关村案件"的清理、查处工作全面启动。北京银行内部的清收巨额不良资产的工作也在艰难推进。

事实上，当时资本金只有十亿元、总资产只有两百多亿元的北京银行已经到了生死存亡的边缘。技术上，这家银行已经破产，似一盘散沙无力回天。全行上下人心浮动：有的人信心动摇，提出退股离职；有的人怨天尤人，等待国家注资剥离；有的支行甚至谣言四起，引发客户挤兑风险。

北京银行最终做出决定：自我消化，负重前行。全行上下统一了思路——对历史负责，对未来负责，全力抢救资产。工作组数十次拜会北京市委、市政府、政法委、法院、工商部门，寻求帮助和支持；数十次去海南、深圳、山东、大连等地，调查与案件有关的公司、人员情况，工作车上常备一台复印机，走哪儿复印到哪儿。

十年坚持不懈的努力，在北京市委、市政府的坚强领导下，北京银行没有依靠政府注资和资产剥离，用发展积累的税后利润，化解核销了这笔67亿元历史遗留的不良资产，这样高难度的反转动作，首创中国金融史上的一个奇迹。

一位监管机构的领导曾评价说，北京银行化解历史遗留的不良资产，没有靠吃"降压药"，而是依靠体制机制的完善，逐步增强"体质"，实现稳健发展，这是对金融改革的贡献，对今天的金融业仍有很大的借鉴意义。

每当回忆起这些，北京银行的老员工总是深有感触："很多企业白手创业，可以用'平地起高楼'来形容，而北京银行只能说是在一个'火坑'里浴火重生，经历了从死到生、由小到大、由弱变强的难忘历程。风险案件暴露的巨大压力、维护金融安全的艰辛努力，将永远铭刻在北京银行发展的里程碑上，铭刻在每一个北京银行人心中。"

经历了坏账爆发带来的惨痛教训，北京银行将风控意识提高到最高级。在多年后北京银行搬到金融街新办公大楼后，更是主动提出成立两个展室："反腐警示教育展"及"行史展"，要求新员工入职前必参观"两展"。

在深入研究国内外金融风险管理的经验与得失后，北京银行决定"用无情的电脑代替有情的人脑"。

2000年，北京银行建立起国内银行业第一家全行性的会计核算中心，把分散在各支行的会计核算业务统一集中起来，实现了全行经营"一本账"，做到了流程全覆盖，风险无死角，抓牢了金融风险的关键点。

2001年，北京银行又在国内银行业率先启动先进的综合信贷管理系统，随机产生评审委员，"背对背"投票，规避信贷审批中的人情因素。

同时，北京银行在业内率先实施经济资本管理、实施VAR值限额管理、制定操作风险报告模板，还引入西方发达国家三十多年的经营数据进行专项压力测试，在业内率先启动风控指挥中心建设，实现全国所有分支机构在线全程监控、进度跟踪，有效提升了金融风险防控能力。

多年来，北京银行资产质量始终处于上市银行优秀水平，监管评级始终保持中小银行最优水平。

❝ 十三载跨国"姻缘"

抓住了中国加入WTO的历史机遇，北京银行乘势而上打开了发展的局面，并很快来到了金融创新的关键节点。

2003年，时任北京市市长王岐山对北京市商业银行作出了"更名、引资、改制、上市"的重要指示，为当时的北京市商业银行指明了"市场化、股权结构多元化、区域化、资本化、国际化"的发展方向。

2005年新年，九岁的北京市商业银行正式更名为北京银行。时任全国政协副主席周铁农、时任北京市常务副市长翟鸿祥在人民大会堂为北京银行揭牌。一夜间，鲜红隶书"北京银行"遍布京城数百家网点。

引资工作也在快马加鞭地进行。当时，北京银行每股净资产只有0.56元，引资难度相当大。"当时的工作异常艰苦，不同谈判对象聘请国际四大会计事务所同时进驻，总行所有部门都被动员起来，引资工作人员更是加班加点，夜以继日。"北京银行的老员工称，仅复印和编写的材料就多达46册13800页。

反复权衡后，最终，荷兰ING集团在谈判中胜出。2005年3月25日，ING集团以每股1.9元人民币的价格和高达3.4倍的市净率，认购北京银行19.9%的股份成为战略投资者。同时，国际金融公司也以相同的价格入股5%成为财务投资者。

就此，北京银行历时近半年的艰难引资谈判落下了帷幕。那一刻，引资过程中所有的焦虑、所有的彷徨、所有的忙碌，都在成功的喜悦中随风而去。

"我们仅用不到24小时，就做出了把认购股份提高到19.9%的决定。"时任ING集团执行董事会主席陶曼特说，他看好中国飞速发展和北京银行未来发展的潜力。

一段迄今十三年之久的忠贞姻缘由此开始。荷方派来了专人担任副行长，为北京银行带来了先进的国际经验和做法，培养了一大批高素质专业化国际化人才，真正实现了"引资"与"引智"相结合。北京银行的经营管理迈出了资本化和国际化的关键步伐，真正达到了从"形似"到"神似"。

十三年来，双方已在零售银行、风险管理、直销银行、创新实验室、公司治理、国际化发展等领域开展合作。截至目前，双方已经开展技援项目近100项，累计使用技援金额接近1亿元人民币。

通过与ING的合作，北京银行做了多项新型尝试：首家推出"直销银行"，首家引入社区银行模式，首家实施风险压力测试，首家设立私人银行部的城商行。这些创新尝试以及与国际接轨的经营方式，与引入ING集团的外资银行"基因"密不可分。

在经济增速放缓、外资相继退出中资银行之时，北京银行与ING的合作依旧紧密。2016年9月，ING集团董事会和监事会全体成员首次集体来华时表示，将与北京银行继续扩大合作。从2014年到2015年，两国领导人先后三次见证北京银行与ING签订合作协议。2018年，在李克强总理与荷兰首相马克·吕特的见证下，双方签署合资银行谅解备忘录，成为中小银行探索金融开放的标志性事件。

这段联姻，被时任荷兰首相巴尔克嫩德誉为"中荷乃至中欧金融合作的典范"。

▌牛角尖上上市

除成功引入外资外，跨区经营被列入北京银行的历史日程。目前，北京银行已在内地十余个中心城市以及香港和国外如荷兰等地拥有620多家分支机构。截至2018年三季度末，北京银行表内外资产总额达3.27万亿元，前三季度实现营业收入411.17亿元，同比增长5.93%；净利润166.91亿元，同比增长6.82%。

在跨区经营取得进展的同时，北京银行的上市计划也随之启动。2006年9月6日，十岁的北京银行以其身高109.28米、28层的身影雄踞金融街。入驻金融街，北京银行要兑现两个梦想：登上资本列车，打造百年老店。

这并非易事。作为一家经历多次改制的商业银行，北京银行信用社时期遗留了大量的历史问题，其中最为突出的是，在上市前北京银行的股东有将近三万名，股东数量几乎是同期上市城商行的数倍，这使得整个股权清理工作的强度和难度都大大超过其他企业。

在一个个不眠不休的深夜加班之后，北京银行创造了奇迹。他们用一个月时间完成三万名股东股权清理，两个月完成尽职调查，四天完成138家机构路演推介，六个月后即在上交所上市，成为北京市首家市值超过千亿元的上市公司。

上市募资150亿元，IPO网上网下冻结资金额达1.9万亿元，北京银行在当时创造了股权清理最难、上市进程最快、融资效率最高、冻结资金最多等多项纪录。

2007年9月19日，上证所一声清脆的锣响圆了北京银行十一年的上市梦。辛劳没有白费，他们赶上了牛市的牛角尖这个关键窗口期。此后长达九年的空白后，A股中才再次出现城商行的身影。

从黄浦江畔出发，北京银行驶入资本市场的浩瀚海洋，脱胎换骨、枝繁叶茂。如今的北京银行，各项指标均达到上市银行优秀水平。

❝ 打造百年老店

作为一家在中国金融体制改革大潮中孕育而生的中小银行，北京银行早已成为中小银行的一个标杆、一面旗帜。

回过头看，作为金融市场的后来者，北京银行要在金融资源最为集中、竞争最为激励的北京市场脱颖而出，在当年并不容易。

彼时，北京的大型企业早已被国有大行和全国性股份制银行开发殆尽。北京银行要在夹缝中生存，要做"首都金融名片"和"北京人心中的银行"，他们决意与中小企业唇齿相依。

"服务小微企业始终是北京银行的立行之本"，北京银行党委书记、董事长张东宁称，北京银行走出了一条独具特色的金融服务小微企业创新发展之路，成为小微企业的重要支撑力量。

北京银行开创了很多个"第一"：第一家成立专业中小企业服务中

心、第一家推出"信贷工厂"模式、第一家成立特色分行——中关村分行。2015年5月7日，李克强总理视察中关村创业大街及北京银行网点，赞誉他们是"区域银行中做得最好的一家"。

在北京，每四家中小微企业中，就有一家是北京银行的客户。二十多年间，北京银行投放超两万亿元扶持近十二万家中小微企业创业。众多中小微企业从十万元、五十万元贷款开始，获得北京银行长期稳定支持。

过去的时光里，北京银行开创了与联想、用友等行业领导者共赢成长的典范，也相继支持了像元隆雅图、佳讯飞鸿、东方国信、天壕节能等科技、文化、绿色领域龙头上市民营企业。在创业板、中小板上市及新三板挂牌的北京企业中，北京银行服务客户占比分别达89%、84%、55%。

北京银行笃定，成长性好的企业会"你借他一粒种，他还你一棵树"。

事实证明了他们的判断，在北京市工商联首次发布的"2018北京民营企业百强榜单"中，北京银行服务客户超过60%。合作的客户中也不乏像小米、京东金融、旷视科技、神州专车等近30家的独角兽企业。

正是有了这样的积淀，与中小企业有关的政策，自然少不了北京银行的身影。2016年4月，人民银行、科技部和银监会公布首批十家投贷联动试点银行名单，北京银行在列。

不仅仅是科技，当年，实力雄厚的"大象"银行无视医疗、教育、交通、文创、公积金、医保等收益小、成本大的民生业务，恰好给了贫弱的北京银行"人无我有""人弃我取"的空间。北京银行不断开辟金融蓝海，如今探索形成"惠民金融""科技金融""文化金融""绿色金融"等特色品牌。

特别是2001年，在其他银行不愿介入的情况下，北京银行经过反复权衡，最终独家中标承办北京市医保结算服务。为此，北京银行举全行人力物力，为2000多万首都居民提供医保结算服务，实现持卡就医、实时结算。

2017年，北京银行设立文创金融事业总部，在成立雍和、大望路两家文创专营支行的基础上，更加积极探索文化金融服务路径。截至目前，北京银行已累计为6000余户文创企业提供贷款2000亿元，其中小微客户占比达90%。

行驶在稳健、快速发展的车道上，张东宁也并未就此放松警惕，如何打破企业发展的"周期律"，是他长期思索和探寻的核心命题，他要把北京银行做成中国金融业永续发展的百年老店。

基于此，北京银行率先建设创新实验室，重点培养协同研发、成果转化和持续创新三大能力，实现1+1+1＞3，完成智慧银行、自贸区、社区银行多项科技应用创新，获得自主创新、软件著作权等近百余项国家专利。

他们还前瞻性布局、高标准建成占地188亩、建筑面积37万平方米的科技研发中心，包括亚洲单体面积最大的数据中心，满足未来五十年科技发展需求。

在现在，在更远的未来，北京银行在艰苦奋斗中留下的生生不息的价值基因，还将继续传承下去。他们正在为创造新的奇迹而努力奋斗。正如逍遥游里北冥的那条大鱼，总有一日风起，可以腾化为大鹏之鸟，扶摇直上。

平安银行发展史：折射中国银行业变迁

曾令俊

2018年8月15日，平安银行公布了步入而立之年后的第一份半年报。

半年报数据显示，该行2018年上半年实现净利润133.72亿元，同比增长6.5%。自从2016年下半年开启零售业务转型以来，该行零售业务的占比不断提高，在全行营业收入中占比为51.2%，占比同比提升10.9%。零售业务贡献已超半壁江山。

在2018年8月22日的平安集团中期业绩会上，中国平安董事长马明哲对平安银行近两年的转型发表了自己的看法。他说，平安内部对高管其实是有一个不公开的评价，平安银行这两年多的转型应该是做得非常好的，非常满意。

进入而立之年的平安银行，目前各项业务都朝着既定的方向行驶。但回顾这三十年的历史，却并不一帆风顺。20世纪80年代末，中国第一家公开发行股票的股份制商业银行——深圳发展银行（下称"深发展"）在深圳成立了。

1991年4月3日，深发展向社会公众公开发行股票并正式在深交所上市交易，股票代码"000001"。1不仅仅是一个数字，此后，深发展一度成为中国股市的风向标，也作为公认的龙头股票在一代老股民的心中留下了深刻的记忆。

而命运不总是一帆风顺的，受东南亚金融危机等因素影响，1998年，深发展进入了一段漫长的寒冬期。后来，美国新桥入股深发展，成为其第一大股东并为深发展带来了严冬后的春天。2012年，深发展吸收合并平安银行，"深圳发展银行"的名字就此封存。这一历经二十五载春秋的银行正式更名为平安银行，自此开启新纪元。

深发展的诞生

20世纪80年代，改革的春风吹进了曾经的小渔村，深圳经济特区崛起了。在摸索的道路上，很多改革都是"摸着石头过河"，深发展也并不例外。

深发展的成立颇具戏剧性色彩。1987年初，深圳21家农村信用社的亏损包袱使其成为市农行手中的一块鸡肋。经过反复协调，市政府开出了一个方子，"让21家信用社脱离农行，回到股份制的结构上去，组建一家真正的股份制银行"。

事实上，组建一家股份制银行还出于市政府更深层次的考虑，那就是为当时的特区建设提供金融支持。1986年，特区国营、集体、内联和"三资"企业有许多已经严重亏损，濒临倒闭，一些地区贸易企业和工业企业的亏损情况更为严重。

当时的特区建设最缺的就是资金，而国有银行的直属管理权又不在特区政府，这样，就无法引导银行资金合理流动，使之投放到特区建设最急需的领域。

这就是深发展成立的背景。1987年3月，市政府组织部一纸委任状，刘自强、王健、杨伟东三人走马上任，成立了深圳信用合作银行筹备组，由刘自强担任组长，而刘自强正是当初改革方案的执笔者。

直到三人筹备组进入，联合信用银行都还没领到人民银行的"准生证"。筹备组一边进行改造，一边递交审批，类似于"先上车，后补票"的方法，改造分阶段进行。

曾任深发展第一法人代表兼第一副总的王健回忆道："中国要成立股份制银行，当时需要人民银行的审批。但是因为我们银行是'先斩后奏'，先出生后取'准生证'，因此领取金融许可证必然困难重重，阻力极大。"

为此，王健和相关负责领导曾三上北京处理审批工作。在1987年最后一次前往北京前，南下调查组已经把支持深圳成立股份制银行的调查报告呈送给了人民银行行长陈慕华。改革中的联合信用银行取得了十分傲人的成绩，备受各方好评。

王健至今还清晰记得，陈慕华行长用一种平和的声调微笑着说："小伙子，等急了吧。告诉你，深圳可以成立一家股份制银行。我们的意见是，先吸收特区内六家信用社搞成股份试点，至于名字，联合信用银行这名字不好，特区要发展，我看就叫深圳发展银行吧！"

于是，1987年12月28日，深发展正式成立了。这就是深发展的起点。

事实证明，深发展并没有辜负多方期待。1988年，是深发展正式开业的第一年，深发展实现账面利润3945万元，比1987年增加2845万元，增长256%，人均创利达10.74万元，新增设营业网点16个，因经济效益和社会效益俱佳被评为深圳市"双文明"先进单位。

▌ 深市第一股

"深市看发展，沪市看长虹。"这是老一辈股民耳熟能详的句子，深发展作为中国第一只金融上市股票，留下了开创先河的不朽篇章。

1987年，深发展正式进入筹备期后，股份制改造的工作就同时启动。而此时，筹备组还没有拿到人民银行的"准生证"，可以说整个过程都是在创新和摸索中完成的。

按照深圳市体改委的股份制银行成立方案，股份制银行的建设有两个基本前提，一是解决组成深圳发展银行基础的六家信用社的包袱，二是募集1000万元的注册资金。1987年5月9日，筹建中的深发展首次以自由认购的方式向社会公众公开发行普通股股票，形成了以国有股、法人股为主导，公众流通股为主体的股权结构。

1988年4月，深圳证券公司成立，深发展成为中国第一只挂牌流通的真正意义的股票。而在此期间，深发展曾面临着卖股难的问题。原计划以每股20元为发行价格，发行79.5万股，而实际只完成了发行计划的约一半，共发行39.6万股，实收金额792万元。股民认购缺乏积极性，主要的原因有两个，一是大众对股票的认识不足，二是与之前的农村信用社相比，此股非股，深发展的股票是不还本付息的公众股，如果经营不好，就存在着血本无归的可能。

然而令大多数人没有想到的是，深发展的股票一出便势如破竹，曾经受人质疑的第一只公众股，变成了人人眼羡的股市黑马，许多稀里糊涂买了股票的人变成了最大赢家。

1991年，深发展正式在深交所上市交易。经过几年的股份拆细和数次增发、送股、配股，至深交所上市时，深发展的总股本已扩充到8900万股。深发展股票的上市，创下了中国股市上的诸多第一。它是中国第一只向社会公众公开发行的股票，也是中国第一只上市的银行股票。

截至1997年，深发展可流通股份10.72亿股，成为中国股市第一大股。而对于深发展来说，上市不仅仅是其承载的经济价值得到认同的开始，也是其社会价值逐渐显现的开端。

1991年8月，深圳股市几乎崩盘。9月7日，深圳市政府决定救市。当时救市资金只有2亿元，而深圳股市的总市值超过50亿元，杯水车薪，如何救市？最后，撬起股市的支点选中了深发展，理由是因为深发展企业成长快、业绩优秀、股性良好、股民认同度高。在救市策略上，通过政府资金平稳吸筹，维持深发展的股价，最终使之成为良性的股市风向标。深发展的托市成功，进一步加深了股民对其的信心及认同感，龙头股票的称号非其莫属。

十年成长期

如果说深发展前十年是生聚，那么后面十年就是成长。

在深圳发展银行的历史上，1997年可以说是一个重要的年份——它是深发展成立的第一个十年。这一年的1月18日，深圳发展银行大厦正式投入使用，成为深发展成长十年、辉煌十年的一个重要标志。

1997年8月份，刘宝瑞加盟深发展。度过艰难创业十年的深发展，即将进入下一个成长的十年。此时的刘宝瑞也许还不知道，他不仅会是深发展下一个十年成长的见证者，还将成为这十年中最有力的开拓者之一。

刘宝瑞回忆当时的情形说："深发展当时的资产才380多亿元，还不如国有银行一家分行的资产总额。"机构要扩张，尽快构筑深发展在全国的分行网络，这是刘宝瑞接手工作后的第一个任务。从1997年开始的十年时间，深发展初步完成了营业网点的全国布局，走出了其战略性扩张的第一步。

1997年，深发展机构规划的三年目标确定为：中国沿海的大部分城市能有深发展的网点，能覆盖中国经济最发达的城市和区域，分享中国改革开放的经济成果。在此之前，深发展已经在广东开始了拓展的进程，先后成立了广州、海口、珠海、佛山四家分支机构，并在香港设立了代表处。

刘宝瑞回忆说，深发展经历了两个阶段，一个是区域性银行的阶段，一个是全国性银行的阶段。在早期，深发展的定位是一家区域性的银行，网点布局在深圳、珠海等华南地区。自己来的时候，躬逢其盛，正赶上深发展第二次创业的时期。"因为在国有银行工作时，我积累了一些这方面的经验，所以当时行里交给我的任务就是把一个区域性的银行发展成一个全国性的银行，将深发展的区域性布局拓展到全国。"

但发展的道路并非始终平坦，1998年，东南亚金融危机波及中国，深发展开始出现大面积的不良贷款，曾经的领头羊由此陷入了长达七年左右的业绩低迷期。

2000年，深发展在股份制商业银行的多项评价指标中沦为倒数第一，在上市银行中，成为不良资产比例最高、拨备计提覆盖最低的双料"冠军"。到了2002年、2003年，深发展盈利额较1997年的十亿元断崖式下跌，只有两三亿元左右了。时至2004年，深发展资本充足率已不足3%，不良资产接近144亿元，多项指标触及银监会的警戒线。

▌携手新桥

新千年前后，银行业陷入发展低谷，2001年市政府提出将国有资产从金融类机构中退出，引进国际资本和管理推动本地金融机构改革的思路。而作为深圳本地上市公司龙头的深发展，成为深圳推进金融改革的首块试验田。

绣球一经抛出，前来应征的国内外资本络绎不绝，国内的中信、平安等都对深发展兴趣浓厚，而花旗、汇丰、JP摩根等国际资本也纷纷向深圳市政府表达了入股意向，来自美国的新桥也在其中。

几经波折，经过不断的谈判商议，美国新桥中标，在一众应征者中脱颖而出。其中最主要的原因是新桥拥有将银行转亏为盈的成功经验。从历史上看，新桥投资在亚洲最为著名的商业案例就是1999年底对韩国第一银行的收购。韩国第一银行在1999年亏损达到10亿美元，被新桥资本收购并获得全部管理权的第二年，在银行整体仍为亏损的情况下，税后利润达到2.3亿美元。

2004年5月31日，深发展与新桥宣告谈判完成，并签订了股权转让协议：新桥将收购深发展四家国有股东持有的3.48亿股股份。

深发展再一次开创了中国银行业的新领域，成为中国第一家以外资作为第一大股东的商业银行。《华尔街日报》评价称"创造了历史"。回过头看，新桥的入股是中国银行业在WTO全面开放后，正式走向国际化资本市场的前兆，是深圳市政府在经济改革中意义重大的一次尝试。

时任深圳商业银行行长的王骥在回忆起当时的情形时讲道："市领导是有雄心壮志的，希望这家银行能够真正与国际接轨，所以不仅是引进外资，而且同意由外方来管理这家银行。这件事是长远眼光和深思熟虑的结果，是有深远战略意义的。"2004年12月31日，深发展股权转让交割完毕，新桥投资正式入主深发展。随后，首位洋行长进入、零售业务高速增长、净利润大幅增加。在历经两年多的谈判之后，这场纷争终于柳暗花明，以戏剧性的变化圆满结束。深发展成为国内首家以外资作为第一大股东的中资股份制银行，翻开了中国金融业改革新的一页。

由此，深发展进入到一个新的发展阶段。

在随后的日子里，深发展一方面稳定原有骨干团队，另一方面引进了部分海内外专业经验丰富的职业经理人，重新构建管理架构，并同步着手清理经年的不良资产。通过引入全新的"好银行，坏银行"理念，对不同种类的不良资产进行分类管理，取得了卓越成效。2005—2006年两年间，深发展共合计收回不良贷款超过40亿元，不良资产显著下降，资产质量得到了根本性改善。

在对历史包袱完成基本清算后，深发展的团队又将目光投向了业务转型。"根据很多国家的经验，往往公司业务先发展，零售银行才发展。中国现在也是这样，但是中国市场很大，个人收入增长很快，市场潜力会更为巨大。"董事长纽曼相信，彼时正是进入中国零售银行业务的时机。

2006年3月底，刘宝瑞提交了《2006年零售银行发展规划》，提出深发展零售业务在全行业务中的比重超过30%，利润占比超过25%的三年中期目标，而五年远期目标的比例分别为40%和50%。在2006年重新设立业务部门和管理构架的变革中，深发展实现了消费信贷、理财和信用卡业务的专业运作，加强了营销与运营管理。这变革的背景使得深发展敢于真正提出"做好产品、做强渠道、做实基础、做大规模"的思路，开始了零售银行转型的步伐。

事实证明，纽曼的决定是极具远见的，深发展转型成效逐渐显现，2006年，深发展实现净利润13.03亿元，比上一年增长319%。深发展，这头沉睡的雄狮，终于在注入了新生命力后，抖擞精神重现最初的风采。

▌更名平安

新桥的入股使深发展脱胎换骨，是深发展成长道路上至关重要的转折点。但因其私募基金投资者的身份，寻找长期战略投资者，变成了深发展前进道路上的首要任务。

2010年，深发展迎来新的战略投资者——中国平安集团。平安集团同样是一家缔造传奇的企业，自1988年作为地方性保险公司成立以来，中国平安通过不断地成长转型，发展至今成为中国首家综合性金融服务集团，在非国有企业中第一个跻身全球五百强，也是最早资产规模破万亿的保险集团之一。

中国平安"在改革中求生存，在创新中求发展"的企业精神正与深发展相契合。2010年6月，新桥投资向中国平安转让股份，深发展完成了向中国平安的定向增发。中国平安持有深发展将近30%的股份，成为该行第一大股东。

2012年，深发展与中国平安的合作进一步加强。深发展和平安银行通过议案，同意深发展吸收合并平安银行，公司名称变为平安银行股份有限公司。至此，深发展这个令一代人刻骨铭心的名字成为历史，一个全新的平安银行在巨人肩头站了起来。

随着深发展和平安银行合并完成，中国平安拥有深发展的股份增长至52%。如此大规模的银行收购事件在中国金融史上前未所有，两家银行以绝对的实力完成了各项挑战，凭借超高的资本运作能力，完成了这场中国银行发展史上史无前例的银行整合。

回首过往十年，深发展已经是中国第三家更名为"平安银行"的银行了，此前的收购经验是平安银行与深发展成功平稳对接的重要因素。中国平安曾于2003年和2006年分别收购福建亚洲银行和深圳市商业银行。至2010年接手深发展，中国平安终于实现了其构建保险、银行、投资三合一的综合金融平台梦想。

深发展与平安银行合并后如虎添翼，"1+1>2"的成效显著。银行总资产达1.5万亿元，网点410家，零售客户2500多万户，公司客户二十多万户，客户服务能力等得到大幅提升，两行各自的优势得到有效发挥，新平安银行从此跻身全国中型股份制商业银行的行列。

整合完成后，平安银行提出了"专业化、集约化、综合金融、互联网金融"的特色发展思路，以及"跳出银行办银行"的理念，并取得明显成效。2013年起，在整体银行业步入新常态，规模、效益和资产质量都明显下台阶的情况下，平安银行在过去三年实现了逆势增长。从2012—2015年，平安银行的营业收入、非息收入、准备前利润等指标三年间实现大幅增长。

再出发

2016年，平安银行发展面临严谨的内外部挑战。首先是内部发展动能不足。资产质量形势非常严峻，2016年年底不良额、不良率同比增长较快，逾期90天不良率都到了非常高的地步，一些经营单位的盈利能力下降。

在外部环境方面，经济增长进入新旧动能转化期，从高速增长阶段转向高质量发展阶段，中高端消费、创新引领等领域将成为新的增长点。金融监管也在趋严，防风险、去杠杆各项举措频频出台，防范金融风险被提到了更加重要的位置。

2016年下半年，平安银行董事长、行长双双离职。约两个月后，原平安证券董事长谢永林调任平安银行任董事长。谢永林确立了"以零售为核心，打造领先的智能化零售银行"的总体愿景与核心战略，以及"科技引领、零售突破、对公做精"的三大关键策略。新平安银行再出发，拉开了零售战略转型的大幕。

在10月12日平安集团开放日上，谢永林披露了平安银行近两年转型背后的部门设置及人员变动情况，"总行一级部门缩减28%，部门科室缩减33%，非零人员减少超过5000人。调整之后，2017年底，对公人均产能同比提升32%"。

经过一年多的时间，转型还是有成效的。平安银行零售业务各项指标实现快速增长，截至2018年6月30日，平安银行全行收入结构从两年前对公占比七成，调整为目前零售收入占比超一半。其中，零售贷款9989亿元，占比54%；零售营收293亿元，占比51%；零售净利润91亿元，占比68%。

在谢永林看来，在下一阶段转型攻坚战中，平安银行将坚定走零售转型路线，围绕转型目标，持续拥抱集团、拥抱科技、巩固优势、快速发展。

在科学技术日新月异的今天，把握科技发展趋势是所有行业生存的要诀。在零售转型的同时，2017年以来，平安银行提供的诸多高科技服务让人目不暇接，眼前一亮。无论是口袋银行APP的"人脸识别""语音识别"，还是首家纯零售新门店广州流花支行的开业，抑或是自主研发、拥有完全知识产权的信用卡智能反欺诈系统，无不体现着平安银行坚持科技创新。

从一个经营面临严重困难的银行，再到满血复活，股权结构的多轮变化，业务历经多次更迭，平安银行三十年来的每一步，无不是中国银行业的发展变迁史。

陈继武：投资老将的新征程

宁鹏

陈继武是投资界的"老将"，1994年即开始从事信托投资。不过，陈继武创立的凯石基金，则为公募基金行业"新军"。凯石基金的首只公募产品，不久前才刚刚面世，陈继武第二次公募征途刚刚才揭幕。

业界关注的是，这家由"老将"领衔的新基金公司，是否会给行业带来一些新意呢？

❛ 从"公转私"到"私转公"

凯石基金为第二家"私转公"公募基金公司，同时也是首家全部由自然人持股的"私募系"公募。凯石基金的法人兼董事长陈继武曾经担任富国基金副总经理，并于2009年"公转私"。2015年，凯石基金申请公募牌照并于十八个月后获批。

"我们是行业新军，但却都是老同志，高管的从业年限，比很多老牌公司还长。"陈继武告诉时代周报记者。

据长城证券基金分析师阎红统计，目前公募基金的基金经理平均任职年限仅3.28年。在所有基金公司中，旗下基金经理平均任职年限超过四年的仅22家，平均任职年限低于两年的却多达39家。这个数据让基金行业颇为尴尬，公募基金历经二十年的发展后，基金经理的从业年限却没有得到显著的提高。

倘若细究背后的原因，一方面是基金产品数量的大扩容，短短几年间基金的数量剧增。实际上，2012年的基金产品数量才首次突破1000只，而目前的数量已经超过5000只。"公转私"亦困扰着公募基金，不少资深基金经理将私募作为自己职业生涯的下一站，让公募基金的人才困境雪上加霜。此外，还有部分资深基金经理成长为高管，逐渐远离投研一线。

不过，很少有"公转私"的基金经理，从业经历比陈继武更为复杂。从经历来看，陈继武可谓投资界的"杂家"，其投资生涯起源于信托，后来又从事投资银行工作，之后又进军二级市场，成为公募基金基金经理，其间还曾在保险资管管理过大资金。

"当年公募基金不允许个人创业，而当时私募为我们打开了一扇窗。"谈及"私转公"的初衷，陈继武告诉时代周报记者，伴随着新基金法的修订，又开启了一扇门。

在陈继武看来，公募基金无论是投资、研究、交易、清算，各方面平台都很成熟，然而多年前的公募基金很难解决机制问题。股东对基金公司早期开展业务有所帮助，后来的影响力则会下降。人才是资管行业核心的竞争力，却很难与公司共进退。这样会带来一个严重问题，即优秀人才的大量流失，一个明显的证据是，正当公募基金二十周年之际，在投研人员中却很难看到当年的老面孔。

"公募的平台，借鉴了私募的机制，这就是凯石的特色。"陈继武指出，作为一家全自然人持股的公司，管理团队与股东的利益高度一致，解决了困扰公募行业多年的机制问题。

谈及机制，陈继武认为，凯石基金更接近私募的基因，有合伙人的先天优势，更容易推出相应的激励机制来调动基金经理的主观能动性。

凯石基金虽成立于2017年，但其历史可以追溯至2009年成立的上海凯石益正资产管理有限公司。在"公转私"之后近十年的时间里，陈继武活跃在创业投资、二级市场以及一级半市场。

　　2017年3月3日，凯石基金拿到了证监会的批文。从公司的股权结构来看，全部是自然人持股。其中陈继武出资6500万元，占比65%，为第一大股东，李琛出资1540万元，占比15.4%；还有王广国、李国林、陈敏、朱亲来分别出资490万元，比例均为4.9%。

　　从其股东的背景来看，凯石基金的核心团队均来自国内公募基金行业及其他金融机构，大多兼有公募和私募的丰富经验。

　　"私转公"并非毫无成本，在短期内意味着私募业务会损失部分规模。但陈继武认为，"私转公"虽然会牺牲部分眼前的利益，却可以追求一个更大的发展空间。

　　在陈继武看来，公募基金的春天刚刚到来。虽然这个行业的竞争日趋激烈，但他认为解决了机制问题的公司将在长跑中显示其生命力。

　　"如果不能解决机制问题，就像在沙滩上建设大楼。"陈继武告诉时代周报记者，美国资管行业的今天，某种意义上就是我们的明天，即使可以搞特色，也不能脱离基本规律。从美国资管行业的情况来看，合伙制是主流，一些曾经被寄予厚望的商业银行，并未在行业的长期竞争中胜出。

　　除了公募基金，"凯石系"的业务还涉及创业投资、基金第三方销售等，陈继武在资管领域的复杂经历，让他有信心带领团队走出一条综合性发展的道路。

以创投的心态做二级市场

　　凯石基金的首只公募基金产品2018年7月9日开始募集，原定募集截止日为2018年8月8日。

　　值得注意的是，这只基金发行之时，证券市场正面临一系列波动。不过，凯石基金的首只产品，六个工作日便提前结束募集。

　　谈及为何提前结束募集，而不追求更高的首募规模。陈继武告诉记者，这是跟渠道等各方面沟通后做出的决定。此外，凯石基金引入了一些资深基金经理，他们也需要有产品，后续还将有新基金发行。

"初期讲究布局，先进入一些渠道，让渠道看到我们的业绩表现。"陈继武告诉记者，

目前产品虽然比较难发，但这个时点发行的权益类产品比较好做，未来的表现值得期待。

陈继武指出，初期会引入不同风格的投研人才，凯石的定位是专业化的资产管理机构，以风控为生命，而激励机制则是竞争力的基础。

"适当淡化行业排名，更多考虑控制净值的回撤。"据了解，在引入人才的时候，陈继武很看重综合的背景，对于绝对收益亦颇为看重，甚至有部分团队成员来自于保险公司。

据介绍，凯石的特色是大投研架构下的事业部制。首先强调统一的投研体系，在此基础上，事业部会获得一定的自主性。这也是为了规避事业部的机制下，出现各事业部各自为战，最终影响整体投研效率的情况。

"凯石希望打造百年企业，未来会进行全面的产品线布局"。至于首只产品的发行时点，陈继武强调并未刻意择时，"毕竟自己不发别人也会发，控制好仓位，保护好投资人的资金。投资人毕竟不够专业，看得长远才是真正对投资人负责，结果比什么都重要"。在他看来，凯石基金有着永续经营的想法，即便是处于高点，也存在发行新基金的逻辑。

据了解，公司已经建立了多策略团队体系，共享研究、营销、运营三大平台的模式，权益、固收、FOF各团队独立核算、统一管理、平行发展。陈继武表示，凯石基金的投研优势在于兼具一、二级市场产业观察视野，这传承于原来私募基金的精准研究能力及投资理念，这种产业研究体系具备对行业产业链的深刻理解能力。

目前，陈继武的投资版图既有二级市场，亦包括一级市场的股权投资，而这一复合的背景亦让他的视角与众不同。

在陈继武看来，一级市场在特定时期产生的泡沫，比二级市场还可怕。对市场保持系统性的认知，以一级市场的心态做二级市场，往往风险会比较低。

"2018年在一级市场比较谨慎，而在二级市场比较大胆"，陈继武认为，成功投资的基本特征就是低买高卖，现在二级市场的很多股票，跌得跟一级市场差不多了。如果公司的基本面没有问题，自然会大胆买入。

陈继武涉足股权投资，亦已有十年的时间。据了解，为了防范利益输送一级关联交易，设计了一系列的风险防范的防火墙，业务也并未放在同一家公司内，服务的亦不是同一类客户。

从团队的角度看人才

人才作为资产管理行业的核心竞争力，已经成为业界的共识。然而，对于人才的理解却千差万别。事实上，公募基金也存在一些极端的案例，某些基金经理曾经名气很大，也在某个时间区间内业绩出色，但是结果却不是太美妙，虽然为公司带来了不少规模，但最后为慕名而来的投资者带来的却是惊人的回撤。

诚然，在一个管理费为主要收入模式的行业，规模的吸引力不言而喻。但陈继武认为，做资产管理一定要平衡好投资管理能力和资产规模之间的关系，必须把团队的磨合、团队的管理能力建设放在管理规模之前。在他看来，凯石基金的核心竞争力就是团队。在陈继武的观念里，人是资产管理行业最具竞争力的因素，但是人也是最难管理的。

全球华人创造的财富体量惊人，然而，无论是在纽约、伦敦、新加坡或者香港，很难看到政府背景之外的华人资产管理公司做到较大的规模。陈继武有个很有趣的观点，为何华人普遍在资产管理行业做不到顶尖，主要原因在于看待财富不够平常心。人有了钱之后很容易狂妄，在面对批评的时候，也很难保持良好的心态。除此以外，对人的尊重往往不是发自内心，将自我意志凌驾于团队之上。

陈继武认为，全球资产管理行业面临的问题是一样的，资产管理行业最核心的就是人和对人的管理。不仅需要吸引一批专业人士组成团队，还需要让整个团队协同合作，形成有效的战斗力。从这个角度来说，一些看起来非常厉害的"人才"，对整个团队而言没有价值。

实际上，在陈继武的第一段公募经历里，曾经做过一些尝试。他曾经这样说过："万物都有本源，一切要归到根本，资产管理行业的本质就是研究创造价值。所以，我到富国基金做的第一件事就是强化研究，让人才创造价值。"

在富国基金任职期间，陈继武建立了一套独特的内部人才培养机制，例如在优秀的研究员中选拔基金经理进行锻炼、培养。在好的机制、成长空间、职业发展方向下，很多人从研究员到基金经理助理，再逐渐成长为基金经理。这个模式培养了很多人，现在他们中的不少人成了基金公司的老总、投委会主席等。

陈继武曾经用这样一段话论述研究的重要性——"研究在投资中占99分，买卖只占1分。我们把一个公司研究透了，买和不买就很清晰了，最懒的基金经理只做下单的1分，忽略研究的99分。"

公募基金让陈继武在投资界声名鹊起，也在他身上烙下了深刻的烙印。据陈继武回忆，当初在公募时，从股票池建立、考核，到基金经理的组合控制，再到交易的制度考核，然后到清算等，一手建立起了一套投研体系。这套体系里涵盖了诸多细节，譬如，对基金经理下单设置风险控制参数，基金经理对每一笔资金不是想干什么就干什么，任何动作都有限制，由此保证基金公司不会出现大的问题。

即便是多年以后，陈继武仍在各种场合强调，要怀着一颗敬畏之心面对市场，诚实地面对自己和投资者。与此同时，坚持用专业的定位和严格的风险控制，来约束自己，磨砺自己。在他看来，资本市场一步登天的股票很多，但凯石的定位是要做一个潜行者，踏踏实实做好自己分内事，不打擦边球，也不在灰色地带行走。

在投资行业，陈继武的职业身份从基金经理转换为公司老板，但他仍对投资乐此不疲。他告诉记者："二十多年来，我始终在这个行业当中，就是一个学习者、研究员。我每天不管怎么忙都会花三到四个小时，来研究各种各样的报告和资讯，我相信这种生活方式会伴随我一生。"

▐ 推崇个人奋斗

问及当初"公转私"的心态，陈继武告诉记者，并无半点纠结，因为当时已经财务自由了，只是想出去经历更多的精彩。有趣的是，虽然经历过多种角色的转换，陈继武并不觉得职业生涯中存在低谷，一切都是水到渠成。

"以本人的经历为例，本来是在一个非金融专业的领域——计算机、数学专业学习的，从业后才开始不断地在我国金融行业各个领域上学习实践。每一次的转变对于个人来说都是一种全面的巨变，需要不断调整，克服很多困难。我始终认为，人一定要有理想，没有理想就没有动力，没有动力就不可能取得哪怕一点点的进步，更不用说巨大的成功。"陈继武在接受采访时强调，人贵在要有理想，理想可以让人有更多更加向上的动力和蔑视困难的毅力。

实际上，陈继武的经历，某种意义上映射了资产管理行业的大变局。公募基金行业成立之初，是清一色的券商系与信托系。2013年，修订后的《证券投资基金法》正式实施，证监会也颁布《资产管理机构开展公募证券投资基金管理业务暂行规定》，鼓励支持民营资本、专业人士等各类主体设立基金管理公司。

伴随着行业的发展，股东的种类愈发多元，不仅银行、保险、私募、产业资本纷纷入局，自然人股东也不再稀罕。截至2018年10月末，141家公募基金（包括已获批还未成立的公司）中，券商系、信托系和银行系分别占到公募基金数量的46%、17%和10%。最大的变化来自自然人控股的基金公司，获批的个人系基金公司已达到10家，占总数7%。

自然人控股的基金公司之所以受到关注，这与资产管理行业的特点有关。资产管理是一个轻资产的行业，最有价值的资产其实是人才，而基金公司的自然人股东几乎都曾经是公募基金或其他主流资管机构的资深从业人员。其中凯石基金为首家全部由自然人持股的"私转公"公募基金，高管阵容堪称豪华。

陈继武在公募基金"二进宫"，感受却大不相同。彼时，国内资本市场制度不够健全，公募市场管理更是刚刚确立。据陈继武回忆，当时的行业法律法规仅有《基金管理暂行条例》一本。

"现在已经是七八本、两三千页了。第一次在南方基金考基金经理，第二次在富国基金考高管，第三次又在凯石基金再考高管资质，备考的内容也一次比一次多，要学习的东西也越来越多。"陈继武认为，管中可窥豹，两次相同的资质考试，内容的持续扩容却也证明了，市场越来越复杂之下，行业法规也越来越多，且越发健全。

陈继武说："我申请公募牌照，也不是一时心血来潮，而是付出了巨大的代价，符合我们长期可持续发展的战略。一来是为了降低金融服务的门槛，更好地服务中小投资者。二来是看好中国的资管行业，看到了其广阔前景。三来是看好公募基金风控体系严密、信用可靠，综合化程度高。而这一切都是源自我们的企业观——不谋求一时一事的成功，而追求长期可持续的增长和发展。"

真正的对手不是外资

2013年，凯石益正受邀加入全球资深投资协会"20-20投资协会"。该协会实行邀请制，凯石益正是中国内地受邀加入该协会的首家私募基金管理公司。"20-20投资协会"于1990年由企业家乔治·罗素成立，历经二十余年，其成员覆盖世界25个国家，管理资产超过8万亿美元。

谈及加入该协会的初衷，陈继武表示，"20-20投资协会"中，有一些世界上最顶尖最老牌的资产管理公司，置身其中才能感受到自己的差距。凯石以他们作为标杆，以他们为榜样，学习他们如何不断适应市场变化，发现时代的方向，更好地服务客户。

对于外资进入国内市场，陈继武也有自己的看法。他坚持认为，现在外资机构进来了，形成了双向竞争。但真正的对手不是外资，而是国内这些非机构投资者。

在陈继武看来，A股港股化是一个伪命题。首先，港交所是离岸金融市场，上市公司主要来自于内地，投资者来自于全球，而内地是一个本土的市场。其次，港交所机构是主要玩家，而内地的散户贡献了大部分交易额，散户一定是追涨杀跌，造成涨时超涨，跌时超跌。最后，港交所相对市场化，而宏观政策一调整，A股就会出现巨幅波动。因此，A股和港股不会同质化。

陈继武认为，虽然当下的经济情况和未来经济走势充满争议，但回望改革开放以来的四十个年头，成绩斐然。这一段改革奋进史之波澜壮阔，纵观人类历史也是少有的。当前，中国经济远未到下行阶段，处于中速增长阶段。实际上，这一切美国也经历过。中国人传统上重教育、"想发财"、重储蓄。此外，新一代的90后、00后在创新创造上锐意进取，以当下改革之深入，调控之得力，中国经济新一轮高速增长只是时间问题。

乐观看待公募未来

在陈继武看来，公募基金是最符合资管新规的金融子行业。某种意义上看，资管新规简直是按照基金法量身定制的。

对于公募基金过去十年权益类资产没有增长的问题，陈继武认为不全是公募基金本身的问题。此前资管行业存在着大量多层嵌套、期限错配、监管套利等行为，其违背风险管理原则，违背健康经济体发展需求，造成了诸多金融乱象。资管新规明确打破刚性兑付，禁止资金池业务，实现净值管理，将有助于推动大资管行业回归本源。在他看来，中国的资源错配问题很严重，而公募基金不能承诺收益，反而不为投资者所重视。

在陈继武看来，基金行业有一些制度优势。首先，有一个非常好的托管制度：客户的资金是放在第三方存管的。在这个行业当中，所有的业绩都是公开的、透明的。其次，从业人员都是凭专业能力在这个行业立足。没有专业基础、没有风险控制能力、没有长期辛勤的劳动，就不能在这个行业生存下去。事实上，中国的基金行业专业化程度很高。

从国外的经验看，专业机构抵御风险的能力更强。陈继武表示："那些很多年前就已经规模庞大的公司，在大家都认为快速发展期肯定已经过去之后，并没有停下发展的脚步。2008年美国金融危机发生的时候，大型共同基金坚如磐石，屹立不倒，反而是私募基金倒了一堆。对此，我思考了很久。可持续的发展，比发展的速度重要得多。"

在陈继武看来，监管越是完善的行业、合规风控越是到位的企业，越能够持久。也正是出于这种认知，他在凯石一直推行比较严格的合规和风控体系。陈继武有一个观点：只有真正接受到来自外部的监管压力，才能更有效地提升公司的内控和稽核效率。

在陈继武看来，资管新规实施后的长期效应和效果更值得期待。他表示："一方面，有助于中国经济迅速出清，推动中国经济转型；另一方面，在统一监管之下，未来资管行业优胜劣汰，将间接实现市场资源的优化配置。"

"资管行业未来的竞争不是争夺存量蛋糕，而是比拼发展速度。"陈继武指出，现在中国家庭财富相当大一部分仍然集中在房产，但是随着衣食住行需求的满足和家庭财富的增长，金融资产在家庭财富中的占比将会不断提高，家庭对专业资产管理机构的需求也将更加明显，资产管理行业将迎来大发展。

而资管新规将打破刚性兑付，肃清金融乱象，推动大资管行业回归本源。未来资产管理行业格局面临重塑，专业的资产管理机构将会胜出，可以关注资产管理新格局形成中的投资机会。

对于未来将形成什么样的资管新格局，陈继武说："未来资产管理行业将迈入监管规则统一的时代，资产管理机构将靠业绩表现吸引投资人。未来依靠刚性兑付承诺等建立起来的资产管理行业格局必将会被打破，真正的专业化管理机构将会胜出。这有助于一批现代资产管理机构的形成。"

在陈继武看来，资产管理行业的发展规律很简单，谁能给投资人提供持续的投资回报，谁就能赢得投资者的信任，市场化的机制最终会让这类公司脱颖而出。

"十年前我们在这里，再过十年我们还在这里，客户就会更了解我们。"陈继武坦言，将公司的办公地点放在外滩，就是希望能做大浪淘沙后仍能屹立不倒的百年企业。

阚治东的创投人生

宁鹏

作为早期参与者和拓荒者，阚治东见证了中国证券行业的历史，作为原申银证券总裁，与尉文渊（上交所第一任总经理）、管金生（曾任万国证券总裁）并称为上海滩证券业"三大猛人"。阚治东也是幸存者，尽管一路走来经历了不少波折，他总能顽强地站起来，始终活跃在一线。

作为一名在北大荒插队近九年的知青，阚治东返城归沪后考进中国人民银行，进而在1987年赴日本研修金融。研修归来的阚治东开启了在证券业的风雨征程，其中既有创办申银证券、深创投、东方汇富的精彩华章，也曾历经"3·27国债事件""陆家嘴事件"与"南方证券破产事件"的三重洗礼。

某种意义上来说，阚治东可谓中国证券行业的"活化石"。阚治东曾经总结，其四十年金融生涯可以总结为三个"三"：三家银行、三家证券公司、三家投资公司，分别是人民银行、工商银行、平安银行（彼时为深圳发展银行），申银证券、申银万国证券、南方证券，上海工行信托投资公司、深圳市创新科技投资有限公司以及目前的东方汇富创业投资管理有限公司。

近日，阚治东接受了时代周报记者的专访。"如果没有改革开放，我的身份或许只是农业能手。"阚治东对时代周报记者说。对于改革开放，他始终心存感激。

2017年，成立十年的东方汇富已经与各级政府及国内外机构设立了多只私募基金，涵盖天使、VC、PE、并购等多项业务，管理基金规模超过600亿元。

❝ 风险投资第一人

一次浮光掠影的会面，改变了阚治东的职业轨迹。在阚治东1997年离开申银万国证券之后，偶遇庄心一。庄心一在建设银行和深交所工作时便与阚治东熟识，当时刚从证监会调任深圳市主管金融的副市长。

寒暄之后，庄心一问及阚治东离开申银万国之后的工作情况，并邀请他去深圳工作。原来，那一年证监会决定把创业板放在深交所，由此推动创业投资在国内发展。正是与庄心一的会面，阚治东的事业方向从银行、证券，被推向了私募股权行业。本来当时阚治东已经打算接受上海市的安排——去上海国有资产经营公司工作。

1999年，阚治东在深圳创建了全国最大的创业投资公司——深圳市创新科技投资有限公司（下称"深创投"），后更名为深圳创新投资集团。阚治东告诉时代周报记者，深创投在全国众多的国有或国有控股的创业投资公司中脱颖而出，与深圳市当年那批老领导的思想解放和愿意接受新事物有很大关系。

在公司成立大会上，一位市领导语重心长地对阚治东说："可不要像早年政府干的那些投资公司，成立时鲜花美酒，两三年后脑袋就耷拉了。"阚治东清楚，这位领导是在提醒他，不能乱投资，要重视投资效益。

谈及公司的运作，时任深圳市市长李子彬给了阚治东四句话："政府引导，市场化运作，按经济规模办事，向国际案例靠拢。"

深创投以及其他众多创投机构，都将希望寄托在深圳创业板的按时推出上。然而，伴随着纳斯达克网络股泡沫的破碎，创业板迟迟未能推出，深交所与上交所也进入冬眠，这种情形一直持续到2005年。随后几年中，超过一半数量的在深圳注册的创投公司，或因偏离主业乱花钱，或因投资无法退出而关门大吉。

深创投的情况却有所不同。一方面阚治东主动遴选新股东，很快将深创投的注册资本由7亿元扩大到16亿元，扩大了公司的抗风险能力。另外一方面，没有让深创投账面上的资金闲置，2000年全年收入达1.2亿元，利润高达9158万元。此后两年，更是不断翻番。深创投安然度过了中国创投业第一个寒冷的冬天。

回顾这段经历，阚治东告诉时代周报记者，当时创投行业还不够成熟，懂风险投资的人很少。对于创投企业也有一些好处，企业获得投资很难，创投企业的选择面很宽。与如今一些热门项目相比，当时要拿到额度还很难，和现在不可同日而语。

总结深创投成功之路，阚治东认为有两条经验最值得肯定：全国布局和资本扩张。彼时，在向深圳市主要领导汇报工作时，阚治东问李子彬："我们的公司能否投资外省市的项目？"其潜台词是，当时很多地方政府主导的创业投资公司都有一条规定：只能投本省市的项目。李子彬不假思索地回答："能赚钱的项目为什么不投？"

实践证明，当年的决定颇有远见，深创投正是由于面向全国拓展业务而获得很多投资者的支持，使投资资本得以放大，最终成为全国性的创业投资公司。

阚治东在深创投工作的三年，曾获评"中国风险投资第一人"。

先摘红苹果

"阚治东只投差一步的企业。"这是早年某些媒体对他主导投资项目的评价。

所谓"差一步的企业"，是指企业相对成熟、距IPO上市只有一步之遥的企业。因此，也有人称"阚治东搞的是没有风险的风险投资"，还有人评价阚治东是"只追求企业效益，不注重社会效益"，当时还引发一场是是非非的议论。

当时，阚治东对投资部门提出了自己的设想：把第一批投资项目筛选范围重点放在两类企业上，第一类是深圳市有关部门选定的第一批拟扶持上创业板的23家企业，第二类是全国各省市拟扶持上创业板的企业。阚治东的这一想法得到了同事们的支持。

阚治东告诉时代周报记者："如果不投差一步的企业，就没有现在的深创投。当时有几个限制条件，不仅需要让社会看到风险投资能挣钱，这个周期还不能太长。"

阚治东投"差一步的企业"的想法，来自于他在黑龙江插队的一段经历。

当时他下乡不久，担任大队科研排排长，负责选育良种等科学种田工作，当时很多人都希望他们依靠自己能力培育出良种，可阚治东清楚，在一年仅有一茬的北大荒，靠自己这些门外汉，短期内培育出一个良种可能性几乎是没有。怎么办？只能找一条捷径。

于是，阚治东找到一些农科所单位，向他们要了几十种他们选育但尚未定型的种子，然后播种在试验田里，在成长之后进行比较，从中选择适合当地种植的品种，最后把一些适合种植的良种扩大。尽管当时很多人对这种做法不屑一顾，但这方法的确十分见效，当年扩大种植的粮食由于品种好、产量高被当地良种站全作为种子收购，那时候，一斤小麦作为公粮的收购价只有0.1元左右，而作为种子收购价是0.5元。

在阚治东看来，筛选投资项目是一项工作量很大的工作。与当年育种的经历类似，从政府有关部门筛选出的项目库中找项目，既可以节省工作量，又可以减少风险，达到事半功倍的效果。

在统一思路之后，阚治东给深创投的投资经理明确了主攻方向，这些投资经理也的确具有冲劲，他们四处出击，一下子投了几十个项目。于是，第二年，深创投就成为本土投资项目最多的创业投资机构。

当时最成功的投资案例是潍柴动力，2150万元的投资，账面收益相当于赚了个注册资本为16亿元的深创投。这些投资项目为深创投的股东们带来了巨大的投资效益。但在阚治东看来，社会效益更值得评估，今天的深圳已成为全国创业、创业投资最活跃的城市。

"红苹果摘完摘青苹果，青苹果摘完开始种树。"阚治东告诉时代周报记者，每个行业的发展规律都是如此。事实上，后来深创投被称为中国最大的"官办VC"，其选择投资项目渠道更具有多样性，其投资也不单纯是投"差一步的企业"。截至2018年6月底，深创投投资企业数量、投资企业上市数量均位居国内创投行业第一位：已投资项目889个，累计投资金额约376亿元，其中140家投资企业分别在全球16个资本市场上市。其注册资本42亿元，管理各类基金总规模约2896.33亿元。

从体制内到体制外

2002年，阚治东临危受命，出任濒临破产的南方证券的总裁，但最终无力回天。

阚治东坦言，离开南方证券是其事业的低谷。受制于年龄等多个方面因素的制约，他已不可能像1997年离开申银万国证券公司时有众多选项。可能在体制内待久了的原因，阚治东对于是否要离开体制，还是很犹豫。

"体制内也有其自身的优点。"阚治东告诉时代周报记者，体制内的好处是有所依靠，深创投的成功便充分证明了这一点。

创业团队成立的第一个公司是东方现代创业投资管理公司。公司第一次筹备会议在上海召开，参会人员约20人，分别是来自深圳、上海和北京等地的民营企业家朋友，其中不少人曾表示，要拿出资金支持阚治东从事创业投资。

虽然讨论热烈，阚治东暗示与会者就公司注册资金问题发表意见时，却始终没人开口。曾任上海证券交易所第一任总经理的尉文渊见此情况，就把阚治东叫出会场问："老阚，你认为这一公司成立，最少需要多少资金？"

尉文渊帮助解决了资金的问题，东方现代创业投资管理公司（下称"东方现代"）终于成立了，股东实际上只有三方，公司注册地放在深圳，注册资金3000万元。两大"猛人"离开体制后再次产生交集。

东方现代在深圳注册时，工商部门认为全部是自然人股东不是很好，希望有一个法人机构加入，于是阚治东深圳有个朋友以他个人公司名义占了东方现代一万元人民币的股份，之后不久他就把这部分股权转让给东方现代团队。

东方现代成立初衷，是管理其他投资人的投资资金。当团队挑选出几个项目并上了东方现代投资决策会议上时，几位股东高度认可，大家一商量，认为既然项目这么好，还募什么资啊！干脆自己投吧！资本不够？股东同比例借款。

于是，这个投资管理公司实际上并没有管理任何投资基金，而是作为投资主体进行投资。公司相继在新能源、生物制药等领域投了四五个项目，投资规模超过3000万元部分，全部由股东借款解决，投资管理公司变成了投资公司。

投资管理公司干成了投资公司，继续投资势必要增资扩股。可在增资扩股上股东和管理层意见非常不一致，前面已投的有些项目经济效益已经呈现，特别是投的新能源项目，成长速度超过预期，如果公司增资扩股势必采用溢价方法，可溢价比例怎么确定？溢价少了，原有股东不可能接受，当时有位股东坦言："老阚，即使有人同意溢价60倍进入，我也不会同意。"但真要溢价倍数这么高，当年没有几个投资者会接受。

没法子，第一家投资管理公司只干了不到两年，就作为一个投资基金被封闭管理了，这也是此后阚治东再成立东方汇富创业投资管理有限公司（下称"东方汇富"）的原因。

2007年，东方汇富成立伊始，从事天使投资、VC、PE业务，管理基金总额约10亿元。而十年之后，其管理基金规模超过600亿元。

据阚治东回忆，创业初期，团队成员对公司未来的发展不是信心十足。为了激励大家努力工作，阚治东代表管理团队持有公司那部分管理股被细分，分给公司每一位团队成员，还给每人发一份股权证明书，当时他告诉大家，别小看这张薄薄的股权证明书，或许将来会很值钱的！但今天真要让大家拿出那份股权证明书，相信有些人找不到了，因为当初大家并没有把这部分股权太当回事。

烧钱的目的是什么

阚治东曾经因为生性谨慎，而获得了一个"阚二毛"的称号。

时间闪回到1996年，当时上海与深圳为了争夺中国证券市场的老大地位，亮出了各自的拳头。作为当时上海券业的老大，申银万国亦参与炒作了上海本地股陆家嘴。

当然，这种做法并不符合他的行事风格，被逼上梁山的阚治东只得多次强调"要选好股，不要资金一次冲出"，有传闻称他拉两毛钱就跑，遂被领导批为"阚二毛"。

耐人寻味的是，资本市场曾经出现过不少弄潮儿，绝大多数都在大浪淘沙的过程中消失或者被遗忘。而谨慎的阚治东虽然历经多次波折，却始终活跃在一线。

在进入创投行业后，阚治东的风格延续了下来。据阚治东回忆，当年互联网被热捧时对被投资的企业看不懂：为什么这些互联网公司财务数据这么差？投资经理的回复是："这就是烧钱！是互联网经济的典型特征。"

"那么，市盈率呢？"阚治东问，因为市盈率是创业投资的一个重要原则。投资经理们笑了，告诉他互联网公司投资不能看市盈率，而要看点击率，看市梦率！这是新经济评估准则！阚治东心里清楚，虽然人家嘴上不说，内心肯定认为自己落伍了。庆幸的是，那几年由于阚治东的"落伍"，深创投没有把大量资金投入互联网项目。

不过，经历这一切的时候并不容易。在上一轮互联网泡沫中，深创投内部不断有人建议，应设立互联网专项投资基金，公司投资经理们也上报了很多与互联网相关的投资项目。事实上，那段时间，很多机构都往互联网网站经营公司投了大量资金。即使如此，阚治东仍迟迟不敢出手。据阚治东回忆，当时的想法是，即使互联网公司追求的是"点击率、眼球率"，但至少要有一个清晰的商业盈利模式，现在多数互联网项目或网站每年都要烧大把的钱，对这类公司，又怎能投钱？

硅谷之旅曾经给阚治东留下了深刻的印象。2001年初，阚治东去硅谷考察，恰逢互联网泡沫破灭之时，陪同的当地人指着路边不断闪现的房屋出租广告说，硅谷是全美房价最高的地区，如果在上一年的前半年，要想在此租间办公室非常困难，不仅要填写申请表格，还要预交N个月的租金，最后还得长时间地排队。平常即使在硅谷吃饭，也得排队等待半小时以上，而当时情况已大不如以前。

原来，1999年至2000年上半年，美国创业投资机构普遍赚钱容易，因此投资很随便，不再注重传统的市盈率，而只讲什么点击率、市梦率等，一个企业创办了两三年就IPO上市。后来经过对一些新经济理论反思之后，VC与创业企业又冷静了，投资价值又回到了传统的市盈率，创业企业的上市周期又回到了过去的七年左右。

谈及在创投行业的感受，阚治东表示五味杂陈。"在PE行业工作多年，我见过成功，更见多了失败，知道那些耀眼的光环背后，有多少创业投资资金付之东流，又有多少平淡的项目成为铺垫，有多少创业投资机构在不断演绎着生生死死的轮回故事。"

很多互联网项目高举高打，企图以巨大运费支出和大量的广告投入砸出市场。阚治东一直不认同具有这种经营理念的公司，在一次会议上，阚治东谈过对互联网公司经营理念的有关问题："要告诉我烧钱的目的是什么？"

直至现在，针对VC/PE争相投资互联网公司的现象，阚治东还是要问，"告诉我，烧钱的目的是什么？"在阚治东看来，国内当年很多的互联网公司也是抄袭海外那些互联网公司经营理念，结果也一样，烧了投资人的钱，最终把自己公司也烧死了。多年的大浪淘沙后，当年投资互联网很多资金只有少部分修成正果，真正存活下来的互联网经营公司是真正的优秀网站，这些网站盈利模式很清晰。

在阚治东看来，做PE一定要避免头脑冲动，不管什么公司，都要有一个鲜明的盈利模式，哪怕目前没有盈利，至少也得有个盈利预期，反之，任何烧钱的公司长此以往都是难以为继的。

熬过低潮期

阚治东的职业生涯经历过好几次起起落落。而在创投行业，他更是见证了行业发展的整个过程。

虽然深创投的经历堪称成功，但也并非一帆风顺。人算不如天算，创业板的迟迟未能推出导致了大量投资机构关门大吉。深创投虽然安然"猫冬"，但是也曾经经历了不少麻烦。

2002年下半年，阚治东因工作需要离开深创投，但仍担任该公司的董事。据阚治东回忆，很多次董事会开得异常艰难，已投资的项目难以见效，委托证券公司的理财资金又因证券行业全面亏损有可能成为坏账。面对股东的质疑，阚治东的后任有口难辩，董事长也是忧心忡忡，只能好言安抚各位股东，作为前总裁的阚治东也颇为难堪。

当时深创投有一家股东找到阚治东，希望阚治东能把他们的股份转让出去。人家为什么找阚治东？阚治东心里很明白："是你拉我们入深创投的伙，你可别让我们栽了"。之前2000年也有股东由于自身原因希望转让股份，当时没费多大劲就给溢价转让了。这次情况完全不同，创业板冰封，大家都认为创业投资行业无发展前景。

经过多方努力，好不容易找到一家愿意接手这部分股份的投资方，但新投资方提出要折价，经过讨价还价之后，这家股东给出了底线——打七折，但接手者还是嫌高，最终交易不了了之。后来这家股东和阚治东又找了很多下家，都没人愿意接下这部分股份。阴差阳错，这家股东最终被迫陪着深创投熬过了国内创业投资行业那个最寒冷的冬天，但却幸运地成为国内创业投资行业第一桶金的得益者。

2005年中小板开设，证券业经过整顿后开始复苏，创业投资行业也开始解冻并迎来了春天，投资的企业接二连三的上市，委托理财资金可以安全收回了，深创投开始再创辉煌，成为国内创业投资行业的佼佼者。

当时深圳市创业投资同业公会秘书长王守仁告诉阚治东，同业公会的百多家会员大部分日子都很艰难，有的散了，有的改行了，能够顶着艰难而坚持下来的只有十多家。

阚治东在体制外的创业始于东方现代。实际上，东方现代的创业之路也非坦途。最初确定的投资方向是新能源，但新能源的行业宽度很大，风能、太阳能、潮汐能、生物能等，想从中找到理想的并适合投资的项目并非易事。在考察过甜菜制酒精、生物柴油、秸秆制酒精、各种动力电池等新能源项目后，阚治东并未发现值得投资的项目。

后来，阚治东发现大型风电设备几乎被欧洲一些企业垄断，我国仅有新疆金风公司可以生产一些小型的风电整机。我国大力发展风电新能源，大型风电设备国产化势在必行。于是阚治东团队决定转向所需投资资金较少的风力发电设备行业。

投资的过程并不容易，一路伴随着质疑。譬如，有人担心，我国风电行业能否大发展？大型风电国产化技术是否成熟？引进海外大型风电设备生产技术能否短时间消化？

而当时，阚治东正被南方证券问题纠缠，处在最艰难时刻，团队部分成员离开，出资的压力自然留给了剩下的成员。项目的不确定性和资金的压力，使剩余人员也对这项投资产生了分歧。是继续出资，还是就此罢手？阚治东坚持认为，这是一项正确的投资，并认为如放弃这一投资，未来肯定非常后悔。

阚治东之所以坚持，与一段失去自由的日子有关。当年阚治东因南方证券问题失去二十一天自由，当时在看守所中他唯一能够阅读的报纸就是《深圳特区报》。有一天报纸上登载了我国第十一个五年计划全文，阚治东仔细阅读了"十一五"计划，其中涉及风电的几处更是反复细读，其中就有电力、新能源和高端装备业涉及大型风电设备。从文章中，阚治东看到了国家发展新能源的决心，也看到了风电在新能源中的地位。

"我的一个特点就是务实。"阚治东告诉记者。或许正是因为务实，阚治东在做投资决策的时候总是有意无意从其过往的经验中寻找灵感。

小牛资本成长史：坚守实体经济，融合科技创新样本

曾令俊

民营企业的可持续优质发展，离不开对国家宏观环境、行业发展趋势的深刻理解及前瞻性的眼光。成长于深圳的金融科技民营企业代表小牛资本管理集团就是这样一个样本，由于在企业发展中始终跟随国家政策鼓励方向、战略产业方向进行自身业务和产品的前瞻性布局，小牛资本在合规化发展、普惠金融、服务实体经济、产融结合等方面，获得了行业领先的长足发展。

距2012年成立至今，小牛资本从最初的单一公司，逐步成长为由小牛基金、小牛新财富、小牛投资、小牛在线、小牛普惠、牛鼎丰科技为矩阵的有一定体量的综合性金融集团，完成了从年轻的创新金融公司，向集普惠金融、财富管理和投资管理为一体的综合性金融科技服务集团的过渡。

当前，我国经济正处于新旧动能转换的关键时期，"制造"向"创造"的转型是行业发展的必然之道。小牛资本董事长彭铁提出明确目标，与科技结合是小牛资本未来发展的重点方向，科技除了解决客户痛点，同时更有利于降低企业成本、扩大规模，有助于企业更高效地提供普惠金融服务及服务实体经济。

据悉，小牛资本在金融科技方面拥有金融大数据、人工智能和机器学习、区块链、信息安全及金融监管五大核心优势。其中，大数据是小牛资

本发展新金融业务的核心内容。2017年底，小牛牵手实体企业和云计算科技企业，展开"科技+产业+金融"的布局来探索金融、科技与实业融合的新模式。

经济发展要回归本源。十九大报告指出，建设现代化经济体系，必须把着力点放在实体经济上。小牛资本积极响应国家号召，致力服务实体经济，彭铁曾在六周年司庆上谈到，"金融服务实体经济"是小牛资本一直以来的核心要旨，小牛资本并非简单的"金融支持实体"，不是简单的赋能，也不是简单的参与，而是跳到实体里面，深刻拥抱实体产业。

❝ 在成长中坚守实体经济

时代周报记者了解到，时至今日，小牛资本业务范围已涵盖普惠金融、消费金融、财富管理和投资管理等多个领域。经过多年的发展，小牛资本的足迹遍布全球，在全世界拥有二百八十余家分支机构，业务遍布全国二十多个省市，服务客户超过八百万。其中，小牛基金作为深圳地区十九家独立基金销售机构之一，也获得证监会颁发经营证券期货业务许可证，在合规方面的提前布局，为小牛基金成为华南区头部财富管理平台打下了良好的基础。

目前，小牛资本正处于由传统金融向深入产融结合、科技金融方向转型期，为企业注入科技的生命力是小牛资本未来发展的关键。彭铁在2018年小牛资本战略及领导力大会上表示，小牛资本要在金融科技的助力下，打造多元化产业布局。"金融需要科技的杀手锏来保驾护航，才能走得更稳更远。"

近年来，小牛资本将科技投入多方领域，始终践行"金融服务实体经济"的价值观，帮助众多小微企业及个人创业者化解难题，成为助推实体经济的一支生力军。

小牛资本的成长和贡献得到了多方认可。2017年，小牛获得国内外知名媒体及专业机构颁发的"金融科技影响力品牌奖""中国最佳金融创新奖""年度最具投资价值金融科技公司""卓越竞争力财富管理公司""最佳服务实体经济综合大奖"等多个奖项。

彭铁告诉记者，未来小牛资本将继续布局金融科技产业，借助创新优势助力中国实体产业发展，坚持"美好资本、美好科技、美好生活"的初心，让金融更好地服务更多的人群。

全面启动金融科技战略

在科学改变生活的今天，技术革命渗透进每一个行业，金融科技同样也在金融领域掀起了一场转型热潮。小牛资本很早就启动金融科技战略，成立牛鼎丰科技有限公司（下称"牛鼎丰"），不断将技术转化为生产力的同时，并进一步降低企业成本、提升人均效能。

据悉，牛鼎丰承担着小牛资本"技术内核"的角色。通过构建"大数据风控"核心技术，牛鼎丰在保证用户数据隐私与安全的前提下，使小牛资本旗下其他子公司，如小牛投资管理有限公司、小牛在线互联网信息咨询有限公司等，在业务能力上获得全面提升。

据牛鼎丰相关负责人介绍，牛鼎丰目前成就主要有三：首先牛鼎丰针对普惠金融个体的服务对象，研究开发了一套能够承载高定发的系统。其次，牛鼎丰注重提升用户体验，通过数据更多地了解客户。再次也是最关键的，牛鼎丰依托于大数据平台，实现了风控的全自动化，将流程效率提升了90%。

牛鼎丰相关负责人还认为，科技是推动金融服务模式创新的第一动力，小牛资本金融业务的进步也离不开科技金融。记者了解到，小牛资本金融业务发展主要分为三个时期：早期，借助IT来提升金融业务运营效率，解决了原来依靠大量人工的弊端，转换为由系统支撑的生产方式。到中期，借助互联网的手段来获客，实现了渠道时空上的大幅扩展，拓宽了获客渠道，极大地降低了获客成本。最后是现在，通过人脸识别和活体检测技术来进行用户身份确认，通过大数据风控模型来进行风险识别、控制以至风险区别定价。

同时，小牛资本依托于大数据平台，在构建用户画像、优化运营、风控等方面实现全面提升。系统将风控模型和评分卡体系固化到风控审批决策引擎以及业务审批流程中，引入多方数据，在贷前环节通过数据模型筛选客户，有效地提高了贷前拦截欺诈客户的比例。

牛鼎丰相关负责人透露："接下来小牛资本金融科技的发展方向将是智能化，进一步发展和应用人工智能、区块链、大数据技术。"

金融科技赋能实体经济

随着科学技术的不断创新，越来越多的以互联网为基础的新金融服务涌现出来，这使得服务对象的范围变得更加广泛，也使服务本身变得更加便捷美好。

而需要注意的是，金融科技的实质仍属于金融，因此赋能实体经济才是金融科技的天职，这也是金融科技的安身立命之本。中国人民银行营业管理部卫宏泽曾在《人民日报》撰稿表示，金融就应以服务实体经济和民生为根本。新金融企业要想走得长远，就必须遵循这个原则。

目前，不少金融科技企业纷纷响应政策号召，为实业发展注入新活力。小牛资本作为国内排名靠前的新金融服务集团也不例外。几年时间，通过在实体经济领域投资等方面的布局，小牛资本持续帮助众多小微企业及个人创业者化解难题，成为助推实体经济的一支生力军。

广西柳州人沈先生经营了一个儿童摄影影楼，在当地信誉良好，业绩颇佳。但当沈先生希望获得更多资金来扩大经营规模时，银行以"小微企业营业执照有年限要求"未提供贷款。

沈先生的难处正是众多小微企业的缩影。由于中小企业存续时间不确定，缺少可抵押资产，加之中小企业贷款具有少、频、急、短等特点导致其市场交易成本比较大。

小牛资本旗下的普惠金融板块以小额分散为业务特征，长期以来服务大量小微企业及个人创业者。通过线下搜集到沈先生的需求，在线上与小额分散的投资人对接，促成了沈先生获得一批一笔十二期总额四万多的贷款，用来扩大影楼的经营。

据悉，中小企业虽在市场中表现出极大的贡献和活力，但在实际建设中却仍面临诸多难关。公开数据显示，我国中小微企业约占中国企业总数的90%以上，是经济活动中最具活力和创新力的群体。

然而，中小微企业在传统金融机构获得支持度较低。截至2017年二季度末，我国小微企业贷款余额为22.63万亿元，仅占全国金融机构贷款余额的19.85%。

彭铁表示，助推金融服务脱虚向实，激发小微企业的活力，是一个金融企业责无旁贷的义务主体。企业要获得长足发展，离不开对社会民生的投入与关注，小牛资本要提供符合国家需求、民生需求和客户需求，符合生产力发展的产品，服务实体经济。

❝ 拥抱实业，推进产融结合

小牛资本一直坚持产融结合的发展模式，倡导以金融服务实体经济，并以科技驱动各业务板块的全面升级。在产融结合方面，2017年底，小牛资本正式宣布引入中科院旗下的科技公司及上市实业公司控股股东企业等两大战略投资人，牵手实体企业和云计算科技企业，意在通过"科技+产业+金融"的布局来探索金融、科技与实业融合的新模式。

2018年以来，小牛资本积极与地方的产融结合合作项目推进与探讨。6月初，小牛资本与湖南株洲市副市长一行，深入探讨了科技创新、实体产业上的合作空间。7月初，小牛资本与三亚市代表就总部经济建设、普惠金融、旅游医疗基金等符合三亚重点产业发展需求的投资与合作项目进行了深入交流，双方表示，未来将更好地发挥各自在金融服务和产业经营方面的优势，通过创新产融对接模式，促进金融资本和产业资本的良性互动，在更多领域探索多层次合作。

11月7日，小牛资本宣布旗下的深圳市小牛华信投资有限公司（下称"小牛华信"）正式引入三大战略合作伙伴，名单中包括央企茂隆实业贸易发展有限公司（下称"茂隆实业"）等三家战略合作伙伴。由四方签署的《战略合作协议》已于近日完成。

小牛华信同时也是小牛资本旗下知名财富管理品牌"小牛基金"的全资控股股东，小牛基金是国内124家持有基金独立销售牌照的机构之一。公开信息显示，小牛基金先后与32家机构开展合作，投资客户近万人，累计共为16万客户提供财富管理服务，是华南地区财富管理的头部平台之一。

小牛资本透露，小牛华信、小牛基金与三家战略合作伙伴将以推进产融结合、服务实体产业为主要目的及合作基础，在金融服务、投融资等各个业务领域开展合作，小牛基金同时为战略合作伙伴相关的项目提供融资支持，开展其他金融服务的相关合作。

11月26日，小牛基金与有着二十五年深耕实业历程的央企茂隆实业正式签署战略合作协议，双方将以推进产融结合、服务实体产业为主要目的及合作基础，在金融服务、投融资等各个业务领域开展合作。茂隆实业成立于1993年，经历二十多年的发展，逐渐发展成为一家市场化经营、多元化发展的大型全民所有制部署企业。截至2017年末，茂隆实业总资产规模超过100亿元人民币，营业额近50亿元，创造净利润超过6亿元人民币。小牛基金执行总裁邱思甥表示：未来小牛基金将为茂隆实业相关的项目提供融资支持，并开展其他金融服务的相关合作，相信通过此次与茂隆实业的合作，能够积极参与茂隆的优质项目投资，为投资者带来更客观的收益。

❝ 助力小微企业，坚持普惠金融

徐女士在北京草桥汇丰汽配市场经营一家汽车电池店，已有十多年，由于近年受到电商的冲击，生意越来越难做，现金流周转慢，徐女士苦恼不已。

2015年起，她通过小牛普惠获取金融服务，尽管使用频率不高，但却在两次关键时刻，帮助她解决了企业资金周转的困难。

徐女士感慨道："有了更多资金做周转，我们就可以做大一点，整体的利润也提高。我们算是没有能被大银行照顾到的一群小企业主，问亲戚朋友借钱过渡，也有双方心理、面子、能力等很多的考虑。"普惠金融产品，帮助了很多像这种做实体行业的小微企业主，在他们看来，普惠金融不是亲人，更似亲人。

据《中国中小企业发展报告》显示，在全国约5800万家中小企业中，25.8%的中小企业有借贷需求，然而在这些企业中，只有46%的企业获得银行贷款，11.6%的企业申请被拒，还有42.4%未申请。这表明中小企业信贷可获得性偏低，供需错配的现象较为严重。

而小牛资本旗下的普惠金融业务正以小额分散为特征，这使得不少小微企业和个人创业者的金融服务需求得到满足。

在普惠金融方面，小牛资本将核心科技技术运用于升级风控手段，风控是立足普惠市场的筹码，这使得小牛资本在激烈的市场竞争中做到气定神闲。据悉，小牛资本的线下场景有业务员核实把关，线上有安全严谨的综合数据模型，从传输安全、存储安全、权限管理、数据治理、操作审计、平台安全六个环节保证用户数据隐私与安全。

而牛鼎丰相关负责人分析认为，这几年依托于移动互联网、大数据、人工智能、云计算等技术，虽然已经能够方便快速地把金融服务触达到用户，但互联网技术只是让我国普惠金融事业初步做到了"普"，还没有做到真正的"惠"，要提升广大群众、小微企业金融服务获得感，仍需要在"广、准、便"三个维度上实现突破。

抓住"长尾市场"可以有效推进普惠金融。负责人还指出，当前我国已经进入产业和消费的全面升级，居民可支配收入持续增加，现在是大众创业时代，小微企业融资需求非常旺盛，以大型金融机构为主体的金融体系，始终无法满足以散、急、快为特征的小微企业等主体的资金需求，长尾客户的财富管理需求急速上升，非常需要新金融的支持。

相较于传统金融机构，小牛普惠自2014年起就前瞻布局，已累计为215万人提供贷款咨询服务，贷款咨询服务总额230多亿元，在线平台累计成交额突破千亿。同时，小牛资本还建立了完善的线下普惠金融服务网络，着力深耕消费场景，开辟了良好的商户合作关系，为日后发展场景化消费金融服务奠定了坚实基础。

场景化消费金融简化了以往复杂的金融需求，将需求与各种消费场景进行融合，实现信息流的场景化、动态化。其优点在于让风险定价变得更加精确，使现金流处于可视或可控状态。

据小牛普惠负责人介绍，目前小牛的普惠业务构成已经发生了重大的变化，单纯的信用贷款变得非常少，转变为以医美和教育分期为主的场景金融业务。负责人分析道："教育培训和医疗美容的消费分期，不良率很低，这样的业务是能盈利的，肯定要大力发展。"这是小牛普惠业务转型升级的方向和路径。

据悉，场景化消费金融也是小牛普惠未来中长期的战略方向。谈到未来的发展规划，小牛普惠相关负责人表示，未来小牛将针对合作的大中型核心企业，提供上下游小微型企业供应链金融业务。基于信誉担保的应收账款和积累的交易数据带来的良好风控能力，负责人认为小牛资本开展供应链金融具有明显的优势。

至于小牛资本另一主要普惠战场教育领域，负责人表示，教育分期市场空间虽然体量没有医美大，但未来增长空间可观。如今，小牛教育分期业务和各类综合教育机构及各类技能培训机构都建立了良好的合作关系，尤其在华南地区明显领先同业。

2017年，中央财经大学联合专业调研机构百分点发布了中国首个消费金融口碑指数，根据消费者体验排名，小牛分期排名全国P2P行业第二，超越京东白条和蚂蚁花呗。根据品牌忠诚度排名，小牛分期位于全国P2P行业第四，超越京东白条及平安普惠。

据介绍，小牛普惠有着一对一的优势服务——销售人员驻点商户，直接引导客户操作，用户消费费用直接打给商户。这种方式大大提高了小牛资本与客户和商户的信任度，有助于小牛资本更加贴近商户、贴近消费者，从而建立起良好的客群关系。

❝ 做实公益，勇担社会责任

印度央行行长拉詹在其著作《从资本家手里拯救资本主义》写道："一个健康的、有坚定原则和竞争力的金融市场，对于经济发展、科技创新和抗击贫穷有着深远的作用。"

小牛资本认为，金融不仅帮助经济更好地配置资源，而且，金融也应该更好地促进社会道德资源。除致力服务社会各阶层的金融需求外，小牛资本热心于公益事业，有着助弱扶贫的社会担当。

据悉，小牛在线公益的步伐已走过湖南湘西、广东梅州、甘肃临夏州、云南玉溪、福建宁德等地，帮助当地的贫困学校建了电影放映室、足球场，捐了体育装备，带去支教课程，帮助弱势妈妈提供就业培训、资金帮助等。

此外，小牛资本一直保持着对体育公益事业的关注，践行着"精神契合型"体育营销策略。2016年小牛在线与深圳大型户外运动社区磨房网共同举办的"2016磨房深圳百公里徒步行活动"，吸引了六万多驴友参加，同年双方还合作开展了"发现深圳""发现广州"系列活动。

2017年，小牛资本与ICC国际冠军杯联合举办中国首个"ICC公众开放日"公益活动，让边远地区拥有足球梦的小朋友可以有机会与国际足球巨星同台，让热爱足球的少年们有机会见到自己的偶像。

小牛资本致力于成为一个温暖的品牌，做"有温度的资本"。"做人温和得体，愿意为别人着想，热爱家庭，热爱运动。那么，这样一个人就符合小牛人的调性。"彭铁说道。

党建方面，小牛在线党支部于2017年9月成立，是首批行业党委下设的党建创新试点单位，也是小牛资本党建实践的先行者。2018年6月，小牛资本宣布其集团党委正式成立，共拥有党员752人。《南方日报》评价小牛"走出了非公企业'党建引领发展'的新方向""非公企业党建标杆"，推动了深圳非公企业党建创新实践。

据悉，小牛资本计划通过"小牛大学"和"小牛人"等多个内部渠道打造小牛资本党员的培训和宣传平台，还将着重结合公益、企业文化、品牌建设等角度深化党组织教育工作。

❝ 下一个五年发展规划

2012年至今，小牛资本已经走过六年时间，完成了从单一金融公司向多平台集团的转变。关于下一个五年，小牛资本有着清晰的发展蓝图。

　　小牛资本将继续做轻。运用科技进一步升级数据征信，优化风控流程，提高经营效率，覆盖更多的人群，让普通大众也能享受较高的理财收益，将更多的金融机会散布给需要的人。

　　要实现上述对"小牛模式"的全面升级，金融科技是不可缺少的核心动力。"一个企业能不能持久、优质地发展下去，就看他有没有转型升级的能力。"彭铁认为，没有金融科技，很多创新就是无源之水无本之木，因此金融科技是小牛资本未来发展的重中之重。

　　彭铁介绍，未来五年，小牛资本将倾力于金融、科技和模式上的全方位创新，旨在创造更具有资本价值的平台，更好地参与到公众资本市场中去。通过研发或引用更多像"小牛财富智能中心""智能投顾平台"这样的金融科技工具，助力小牛资本拥有更高效率、更高效益的全球金融产品，成为代表中国质量的企业之一。

　　而技术的载体是人才，小牛资本的人才升级计划也从未停歇。"'五色令人目盲，五音令人耳聋'，技术的正确筛选、正确筛选后的正确引入，正确引入形成的商业模式的优化，背后恰是人才的力量。小牛非常着重重用80后，培养90后。"彭铁认为，技术驱动模式，人才选在技术。只有人才才能带来组织的进步，使小牛精神经久不衰。随着小牛平台的持续发展，高端人才的需求也会逐步增大，小牛资本既要从内部培养人才，也要从外部引进优秀人才。

　　据悉，小牛资本旗下的金融科技公司牛鼎丰从香港大学、香港科技大学招聘大数据相关的学生，也与深圳大学签署了深化校企合作计划、成立实习基地。牛鼎丰相关负责人称："未来，我们很期待粤港澳大湾区能够推动'产、官、学结合'，建立与科技研究、大学、政府和其他金融机构相互合作的平台。"

第四章

开创

　　也许有人会追问，中国为什么没有出现像钢铁侠马斯克，或者是创新教父乔布斯这样的创新型代表人物？

　　但实际上，在改革开放的几十年里，中国企业一直都具有开创性。在观念的转变中，在体制的打破上，在模式的创新里，中国企业以及企业家有着许许多多的可圈可点。

京东创始人刘强东，在中关村一个不大的柜台上开始创业，再到尝试去BBS论坛上销售产品，打开电商之路，然后又到建造电商物流体系。与当前的中国创新圈一样，京东等中国企业将迎来新的发展阶段，模式创新主导逐渐向技术创新为主导。中国企业的开创故事仍在书写。

王传福思变：二十三岁比亚迪再筑开放之梦

谭力峰

诺基亚曾经是比亚迪最大的客户，它的倒下触动了王传福，他希望在行业变革来临之际，比亚迪能够站在浪潮的顶端。

新能源汽车正成为中国这个时下汽车大国赶超欧美的关键赛道。在这场全球汽车产业转型升级大潮之中，一直致力于新能源汽车的比亚迪毫无疑问地成为屹立潮头的排头兵。2018年上半年，比亚迪新能源乘用车销量约7.1万辆，再次蝉联全球新能源汽车销量冠军。

在比亚迪二十三岁之际，王传福又做出了一个决定，他希望让比亚迪更加开放。"诺基亚曾经是一家非常优秀的企业，全球市场份额超过42%，但他们不够开放。"比亚迪董事长兼总裁王传福告诉时代周报记者。

"我们正搭建的'DiLink系统'，向全球开发者提供一个多维的开放平台，这将是汽车行业史无前例的开放。"比亚迪品牌及公关处总经理李巍对时代周报记者表示，比亚迪的"开放"正是意图全面重塑行业格局和人类出行方式，开启"造车新时代"。

中国车市的竞争早已进入到全新的阶段，自主品牌之间的淘汰赛亦已开启，虽然头顶着"全球新能汽车销售No.1"的皇冠，但王传福深谙，比亚迪面临的竞争压力将愈来愈大，瞬息万变的汽车市场挑战着企业的应对速度以及领导人的智慧。

"因为改革开放给了比亚迪机会，比亚迪才做到新能源汽车全球销量连续三年冠军。"此前，王传福曾言辞恳切地谈及，自己现在最大的梦想，就是希望能够以产业报国，用技术和产品创新，让比亚迪走到全球的前面。

在10月24日全国工商联发布《改革开放40年百名杰出民营企业家名单》中，比亚迪的王传福与吉利李书福、海马景柱、力帆尹明善、长城汽车魏建军一起，成为五位上榜民企车企集团领军人中的一位。

自1995年在深圳改革开放热潮中创办比亚迪之后，王传福便一头扎进了造车当中。"改革开放四十周年，比亚迪感触很深，深圳感触更深，没有改革开放就没有深圳，没有深圳就没有比亚迪。"他感叹道。

创新驱动创业

整个20世纪90年代，可以说是中国大时代剧变的关键十年。1988年，国务院批准深圳市在国家计划中实行单列，并赋予其相当于省一级的经济管理权限。深圳亦自那时起聚集了大量的外来人口，城市和经济发展活力开始被激发。

1987年7月，21岁的王传福刚从中南工业大学冶金物理化学系毕业，考入北京有色金属研究总院，主修材料学。在研究生期间，他把全部精力投入到了电池的研究中。1990年，研究生毕业后，王传福留在该院301室工作。两年后，年仅26岁的王传福就被破格提拔为该院301室的副主任。

1993年，有色金属研究总院在深圳成立比格电池有限公司，由于和王传福的研究领域密切相关，于是他顺理成章地被委任为总经理。然而，当时年少气盛的王传福并不安于现状，一直怀有创业梦的他毅然选择在深圳创业。

回忆起早年下海的经历，王传福感叹，主要是当时处于改革开放热潮中的深圳，其公平的竞争环境以及激励创新的精神吸引了他。

"创新不是口号，不是为了创新而创新，是因为有市场化的环境，有过剩的经济基础，然后大家才去创新，大家才发自内心地形成一种强大的动力，推动每个企业不自觉地、自觉地创新，深圳企业的骨子里就是创新。"正是被深圳这种鼓励创新的精神所驱动，王传福当时做出了一个大胆的决定——脱离比格电池有限公司，下海单干。

众所周知，脱离比格公司，辞去已有的总经理职务，相当于扔掉"铁饭碗"。但王传福却甘愿冒这个险，因为他始终相信"最灿烂的风景总在悬崖峭壁，富贵往往在险境中凸现"。

1994年11月18日，王传福在深圳布吉租来的冶金大院里，创办了比亚迪，英文缩写为BYD，亦意为Build Your Dreams。他希望这家企业将是"成就梦想"的地方。

1995年2月，深圳春暖花开，王传福注册成立了比亚迪实业有限公司（现比亚迪股份有限公司），领着二十多人开启了比亚迪的筑梦之旅。

回忆起比亚迪二十三年的发展历程，王传福感慨良多："乘着改革开放的春风，比亚迪飞速发展，1995年到1999年，年复合增长率达100%。"

回溯历史，从产业的维度看，改革开放的四十年，是中国汽车产业从"从无到有"（五六十年代）到"快速发展"（八九十年代），再到"爆炸增长"（进入21世纪）的四十年。四十年前，全国汽车总产量不到15万辆，而2017年这一数据达到2902万辆。一方面，汽车产业作为国民经济支柱产业的地位越来越突出。另一方面，中国在世界汽车工业体系的地位也变得举足轻重。

"比亚迪身在这一历程中，不仅是见证者，更是参与者和推动者。中国汽车市场虽起步较晚，但中国国民经济的飞速发展、现代化进程的加速以及国家大政方针的推动，刺激着中国汽车市场的一路高进，使得比亚迪这样的自主品牌，能够顺应时代、响应政策、把握市场机会，引领着我们的汽车行业从'中国制造'迈入'中国智造'，这些年比亚迪一直在加强技术创新，加速国际化布局，为中国由汽车大国走向汽车强国贡献力量。"比亚迪品牌及公关处总经理李巍对记者说道。

需要一场能源革命

在大多数比亚迪人的心中，公司二十三年的发展历程中，有两个值得被铭记的时刻。一个是比亚迪的第一只上市股1211.HK（现共有三只）于2002年港交所上市时，创下的当时54只H股的最高发行价纪录；另一个，则是次年（2003年）比亚迪正式进军汽车行业，为如今比亚迪的产业结构奠基。

从那时起到比亚迪在2015年首度登上全球新能源汽车销售王座，比亚迪十二年来的发展可以说一直磕磕碰碰。

在首款车型"福莱尔"遭遇市场的冷眼后，王传福尝到了"闭门造车"的苦果。于是，在"逆向开发"思路的主导下，2005年，第一款真正为比亚迪打开汽车市场的F3车型应运而生。凭借高性价比、空间宽敞、外形大气时尚、高配车型配置丰富等特点，比亚迪F3受到了消费者的热切追捧。

当然，F3的巨大成功，让比亚迪切身感受到"逆向研发"的甜头。随后在短短几年内，比亚迪接连推出比亚迪F0、F3R、G3、L3、F6以及M6等车型，一度让比亚迪的销量攀上巅峰。从2005年到2009年，比亚迪的销量由4万辆跃升至40万辆，销售量惊人。

然而，2010年，一场因扩张战略失误而导致的退网事故，让王传福嗅到了危机的"味道"。

当年，比亚迪曾提出了80万辆的销售目标。但是，在渠道扩张的过程中，却遭到了终端经销商的集体抵制，并最终演化成了一场渠道危机。当年退网的经销商多达308家，整体经销商退网比例高达22.63%。

数据显示，虽然比亚迪2009—2011年的营业收入均呈逐年递增的态势，但在净利润上却是相反。2009—2011年比亚迪的净利润分别为37.94亿元、25.23亿元和13.85亿元，后两年同比下降33.48%和45.13%。

此后，比亚迪进入了长达三年的调整期。而王传福亦逐渐把比亚迪的重心转移到新能源上。

"2001年，中国加入WTO，中国汽车产业迎来了新的发展机遇。当时，中国的汽车保有量还不大，但对能源、环境已经造成压力。我们算过，中国大约有四亿个家庭，如果每个家庭一辆车，一辆车一年用两吨油，每年需要八亿吨油。油从哪里来？尾气又到哪里去？汽车的未来必然要进行一场能源革命，电动车才是中国汽车的必由之路。"王传福在2018年世界政党大会上表示，2003年，比亚迪进入汽车产业，初衷就是发展电动车。如今，依托自身的技术优势，比亚迪在全球率先提出了"城市公交电动化"战略，后来又发布了电动车全市场战略。

事实上，早在2008年，巴菲特旗下的中美能源控股公司斥资2.3亿美元入股比亚迪，正是表示了其对比亚迪发展前景和品牌价值的认可，更促使比亚迪在电动车项目上的快速发展。

从2014年国家开始大力支持新能源汽车时起，作为国内为数不多在新能源技术上拥有绝对优势的汽车企业，比亚迪的业绩开始实现跨越式的飞跃。2014—2016年，比亚迪所实现的归属于上市公司股东的净利润从4.33亿元猛增至50.52亿元，复合增长率高达243%。

"2018年将是比亚迪重回高速增长轨道的一年，继续以新能源汽车和云轨为重要战略发展方向。"王传福表示。当然，除了要继续加大投入以保证公司在新能源汽车业务上的竞争力外，比亚迪亦要努力寻回早已在传统燃油汽车业务上丢失的市场份额。

根据比亚迪最近发布的2018年半年度财报，尽管受到补贴退坡的政策影响，比亚迪的新能源汽车销量仍旧取得了同比增长121.06%的好成绩，其约7.58万辆的销量也使其继续保持全球第一的领先地位。

新能源汽车销量的持续走高，除了让比亚迪在新能源汽车领域的市场份额逐步扩大之外，还继续成为比亚迪重要的收入和利润来源。半年年度财报显示，比亚迪的汽车业务上半年销售收入同比上升24.93%，增长了280.26亿元。其中，新能源汽车营收达181.73亿元，占比亚迪总营收的比例为34.84%。

开放者的姿态

2018年9月5日，比亚迪在深圳举行了一场全球开发者大会，这可以说是汽车行业的先例，更是比亚迪发展的里程碑。

事实上，依赖垂直整合实现的红利几乎在2016年开始触底，这一点王传福也早有意识。伴随国家对新能源汽车补贴政策的力度大幅减弱，加上一大批同样主打智能网联与新能源的后来者入局，比亚迪在新能源汽车业务上正面临着前所未有的挑战。

2017年，王传福在压力之下推出了一系列的变革措施，为求让比亚迪重回高速增长的道路。从拆分事业部到引入外部供应商，再到面向全球开发者开放平台，比亚迪正在打破其引以为傲的垂直供应体系。

"2017年我们把企业文化加入了'竞争'，竞争作为企业文化的重要一部分，把各个业务单元进行非常清晰的市场化，就是企业内部改革一样，不能只和过去比，要和同行比，要市场化、要竞争。"王传福深谙，唯有打破以往比亚迪一直赖以生存和发展的固有模式，真正加入到市场竞争当中，比亚迪的活力才能重新被激发。

众所周知，比亚迪由于是封闭的垂直整合结构，其自家生产的电池只供旗下的新能源汽车使用，因此近两年的发展势头完全被宁德时代所遮盖。

最近，宁德时代更是接连接下了大众、戴姆勒以及数家新造车企业的电池订单，加上与上汽组建的合资公司，令其在动力电池领域一时风光无限。

于是，拆分旗下动力电池子公司，对外开放供应体系，成为比亚迪反击的第一步。

2018年7月5日，比亚迪与长安汽车在深圳签署战略合作协议，联合设立动力电池合资公司，产能为10GWh。

"本次战略合作，是比亚迪开放供销体系的重要进展，对动力电池业务乃至集团的长期发展都具有重大战略意义。"王传福表示。比亚迪披露，正与国内外诸多汽车品牌正在洽谈，未来会有一系列的合作达成计划。

记者发现，2017年5月，比亚迪在年报上描述的经营范围已然发生了变化。新加入了"汽车电子装置研发、销售；新能源汽车关键零部件研发以及上述零部件的关键零件、部件的研发、销售；轨道交通运输设备（含轨道交通车辆、工程机械、各类机电设备、电子设备及零部件、电子电气件、轨道交通信号系统、通信及综合监控系统与设备）的研发、设计、销售、租赁与售后服务（不涉及国有贸易管理商品，涉及配额、许可证管理及其他专项管理的商品，按国家有关规定办理申请）；轨道梁柱的研发、设计、销售；自有物业租赁（物业位于大鹏新区葵涌街道延安路一号比亚迪工业园内及龙岗区龙岗街道宝龙工业城宝荷路3001号比亚迪工业园内）；广告设计、制作、代理及发布；信息与技术咨询、技术服务"的描述。事实上，这正是比亚迪内部变革的开端。

"比亚迪目前分为乘用车、商用车、云轨、电子、电池五大事业群及若干事业部。从内部管理架构上进行了大刀阔斧的改革，将大锅饭变成了小锅饭，赋予每个事业群较大的决策权和管理权，更好地调动团队积极性，更快地应对市场变化。"比亚迪方面介绍道。

但这在王传福看来，变革仍需进一步推进下去。因为从摩托罗拉到诺基亚的相继倒下，王传福已然愈发清晰地认识到战略的重要性。在最近一次接受媒体采访时，王传福感叹道："技术首先是为战略服务，其次才是为产品服务。一个产品的失误给公司造成的损失可能是几千万，但一个公司的战略失误，耽误的可能是五年、十年，甚至让一个企业死亡。"

"以前，不少车企因为安全等各种因素，而选择不开放汽车生态。诺基亚的倒下不是因为产品品质，也不是因为管理。诺基亚的产品品质很好，同时全球化管理也非常好，最高的时候占全球42%的份额，每十个手机里有四个就是它的。但是他们的系统不开放，轰然倒下，非常可惜。汽车也是一样。"王传福对记者介绍，比亚迪推出的全新"e平台"和"DiLink系统"，将全面重塑行业格局和人类出行方式。

"区别于行业内仅开放车载信息系统，我们还将开放汽车几乎所有的传感器，总计341个传感器和66项控制权。比亚迪面向全球开发者开放智能开发平台的战略，可以让开发者实现用数字化来控制汽车的刹车、转向和驱动等硬件系统，能为互联网造车提供便利，让全球各路精英来参与汽车的控制，汽车的软件，汽车的生态。"李巍对记者说道。

"我们有技术储备，有整合的优势，有执行力的优势。"显然，王传福认为这是比亚迪无惧诸如蔚来、威马、小鹏这些新造车企业前来挑战的底气。

同时，这或许是比亚迪今后继续保持自身在新能源汽车领域拥有先发优势的关键所在。据悉，目前比亚迪在接触其他汽车厂商，不仅仅推销的是自身的动力电池，电机、电控和底盘等核心技术也在进行合作的推介，是一个整体打包的方案。

用差异化策略走向"一带一路"

在王传福看来，未来五年将是汽车行业的关键期，包括造车新势力，也包括传统的汽车企业。"未来五年会出现两极分化，强者越强，弱者可能就淘汰了。目前这一趋势在电动大巴这一细分领域就能被察觉，好的越来越好，差的可能就没有了。而乘用车之间的汰弱留强才刚刚开始。"他对记者说道。

如今，比亚迪已累计向全球合作伙伴交付超过3.5万辆纯电动巴士，2014—2017年连续四年位居纯电动大客车全球销量第一，并占据美国80%以上的纯电动巴士市场份额和英国50%以上的纯电动巴士市场份额。

早在2011年，比亚迪在全球率先推出"城市公交电动化解决方案"，提出在公共交通领域率先推广纯电动巴士和纯电动出租车，现在这一解决方案已经上升为中国国家战略，在中国多个城市推广，并逐渐成为全球共识。

比亚迪向公交电动化转身时，世界大多数大巴制造商还在观望与徘徊。但要想成为伟大的企业，就不能一味跟随大潮，而是主动创造势能。不到五年时间，比亚迪的"公交电动化"战略上升为中国的国家战略，并迅速席卷全球。

目前，比亚迪电动大巴的足迹已经去到英国伦敦、英国诺丁汉、荷兰阿姆斯特丹、意大利都灵、丹麦哥本哈根、挪威奥斯陆、土耳其安卡拉、西班牙马德里等七十多个欧洲主要城市，纯电动出租车也在伦敦、鹿特丹、布鲁塞尔、巴塞罗那等城市投入运营。

"我们现在用燃油车出口去国外都很难，都是电动大巴走向全球，在当地的口碑也比较好，用一些差异化的产品助推中国企业走向'一带一路'。再加上贸易逆差，我们不是以低价，是以创新，我们是改善你的环境，以这种方式成为走向'一带一路'的另外一个方式。"对于电动大巴在全球范围内取得的成功，王传福深以为然。

然而，比亚迪的"出海"之路也并非一帆风顺。

2011年，比亚迪首次出现在全球规模最大的客车展会Busworld上。当时作为全球一线客车厂商中唯一一家展出了首台纯电动大巴的企业，比亚迪遭受到来自各方的质疑。"续航里程真能这么长？""电动大巴靠谱吗？"那次展会上，比亚迪带来的"新生事物"让一些要求严苛的英国客户感到好奇的同时，也夹杂着观望、怀疑、看笑话的复杂情绪。

七年后，当比亚迪董事长兼总裁王传福受邀成为中英企业家委员会理事时，象征着伦敦文化的红色双层巴士上已镌刻着比亚迪的标志。同时，比亚迪亦将国产大巴技术引入欧洲，刷新了中国产品在欧洲人心目中的地位。

在王传福的构想中，未来城市的交通网络应该是立体的，比亚迪除了提供在地面奔跑的各种新能源汽车之外，为了更好解决城市的拥堵路况，还应致力于打造半空中的交通网络。于是，被喻为"再造一个比亚迪"的云轨项目便应运而生。这种中小运量的轨道交通，将是城市在地铁之后，一种非常便利且成本较低的互补形式。

"比亚迪打造的中运量和小运量的轨道交通解决方案，可以助力各大城市在空中打造一张加密的轨道交通网络，实现500米就有一个轨道交通口，使得整个城市的交通网络可以通畅、高效地运行，让城市重新充满活力。"比亚迪方面介绍道。

如何用云轨再造一个比亚迪，已然成为王传福职业生涯中的下一个需攀爬的高峰。2017年，王传福的头上新增了一个名为"中铁工程设计咨询集团有限公司董事"的头衔。在中铁设计董事会九名董事中，王传福的表决权比例为11%，对中铁设计具有重大影响。中铁工程设计咨询集团是比亚迪云轨的主要承建商。

据悉，中国城市轨道交通发展将在"十三五"期间迎来高峰期，目前多个省市的"十三五"规划将轨道交通建设纳入重点发展项目。而比亚迪则是把云轨业务瞄准国内二三线城市的庞大需求，为他们提供从治污到治堵的完整解决方案。

截至2018年7月，全球一百多个城市的政府高层已调研过比亚迪跨座式单轨（云轨）。目前银川花博园段云轨线路已经通车运行。2018年5月，比亚迪宣布中标巴西萨尔瓦多轨道交通项目，金额约合6.89亿美元。随着国家相关政策出台，未来，国内外轨道交通项目陆续落地，预计将为比亚迪的发展打开空间。

目前，比亚迪的"出海"之路已经成为国内各大车企的学习典型，因为比亚迪不仅输出产品和解决方案，战略和标准将是未来的趋势。例如比亚迪积极参与菲律宾、摩洛哥等多个国家和地区的新能源车标准制定。

"这个市场未来还很大，机会总是留给有准备的人。政府高度重视生态、高度重视环境，我们新能源车也遇上好的机遇。"一直寄望以"产业报国"的王传福，如今正希望通过技术创新、产品创新来实现这个目标。"通过技术创新真正实现人民对美好生活的期盼，我们用实际行动践行这一目标。"他坚定地说道。

创维黄宏生：三十年成就彩电大王梦

王媛

　　1988年的春天，改革开放进入第十个年头，毕业于华南理工大学无线电工程系的"理科男"、当时还在中国电子进出口总公司任职的黄宏生，由于一次偶然的机会带着国产的黑白电视机出国参展却意外遭受冷眼，感慨万千。

　　黄宏生自此立志要做中国最好的电视机，于是，毅然决定下海经商，从一个小小的遥控器起步，开始了创维艰难的创业征途。

　　那一年，中国高端彩电市场基本被外资品牌垄断，一台29寸的索尼电视要花1.5万元，相当于当时一个普通工人50个月的工资。

　　三十年过去，中国的彩电企业经过无数次激烈的市场竞争，成功突破外资品牌的围剿，形成了国产彩电替代进口的格局。

　　而作为彩电头部企业中唯一的一家民营企业，创维在产业链上中下游皆已实现较为完善的资源和布局，成为彩电行业中的执牛耳者：市场份额稳居全国前二，承担多项国家"核高基"（核心电子器件、高端通用芯片及基础软件产品）重大项目，成功研发出具有中国自主知识产权的电视芯片，三十年来为国家创造税收350亿元，解决四万多人的就业问题。

　　有人说，一部创维奋斗史，即是半部国产彩电发展史。

　　的确，从历经过度竞争、市场狂洗的野蛮式增长，到逐步建立资本化、现代化、国际化的管理机制和经营模式，再到以消费者需求为导向，驶入技术驱动的轨道，创维示范了传统彩电如何在激烈厮杀的血海中艰难求生，又如何在没落的微利时代"二次创业"、转型升级。

实际上，这一切都跟创维创始人黄宏生的思维紧密相关。创维是唯一一家民营彩电企业，黄宏生却不是作坊式的民营企业家，他很早就意识到企业发展将会遇到的一些问题，并要求让最专业的人来处理问题，操盘企业，思维既开放豁达，又富有远见。

早在一无技术二无人才的初创阶段，黄宏生就舍得掏出15%的股份，吸引30名行业精英技术入股，扩充军营。一路走来，创维的发展之路亦是跌宕起伏，险象环生。

2000年，创维经历了一次史无前例的大地震，高管陆强华负气出走，并带动一百多名营销精兵集体反水，一度导致创维出现历史性巨亏，元气大伤。

四年后，创维再次遭遇了更大的一次企业风波，香港廉政公署在一个代号为"虎山行"的行动中，拘捕了以黄宏生为代表的创维十名高管，黄宏生步入了长达六年的牢狱生涯。

所幸的是，在外界都觉得创维会一蹶不振的时候，逆境中的创维却愈发快速成长。在黄宏生和职业经理人的运作之下，创维业绩不降反升，在此后的十几年间，创维的业绩走势在彩电行业中都是最稳健的。

而当市场的爆炸性增长早已一去不复返，行业增长的天花板"乌云盖顶"，彩电行业深陷"增量不增利"的魔咒，创维一改保守的风格，果断重注押宝在OLED这一前沿显示技术上，希望凭技术突围走出一波独立行情，同时拓宽赛道全面转型，希望能在一片红海中觅得新蓝海。

黄宏生表示："创维是个有梦想的企业，在改革开放的进程中，创维要打造出具有全球竞争力的智能家电集团，这个梦想正在不断成为现实。创维未来五年的转型升级总体战略，将紧紧围绕实现千亿营收目标，要从中国'彩电大王'进化到世界'彩电大王'，从家电制造转型到全球领先的智慧家庭解决方案提供商。"

❝ 梦想做中国的"索尼"

1981年，中国足球队改革开放后第一次冲击世界杯，举国关注。彼时，黄宏生在华南理工大学无线电工程系念书。一遇到电视频道有足球赛转播，学校就把无线电系实验室用来做实验的一台9英寸黑白电视机，拿到大厅放给同学们观看，中国队每进一个球，集体沸腾，欢呼雀跃，激动无比。在当时连收音机都鲜见的年代，电视机是极度稀罕又神秘的高科技玩意。黄宏生深深震撼于电视机的魅力，认为电视简直是连接世界的窗口，透过它可以一睹全世界正在发生的大事。

当时索尼和松下是世界彩电品牌的领先者，黄宏生心里暗想：要是国内也能生产索尼和松下这样的电视机该有多好！"要做中国的索尼，甚至超越索尼"，这样的梦想悄然在黄宏生心里落地生根。

大学毕业后，黄宏生被分配到电子工业部直属的中国电子进出口总公司华南分公司工作。当时某品牌率先推出大规模集成电路的电视机芯片，他便自告奋勇担任技术翻译，陪该公司的研发总监到中国各地进行交流。虽然超大规模集成电路技术在当时仍处于发展初期，有图像扭曲、干扰等种种问题，但对彩电技术的飞跃发展起到了相当大的作用，也正是在那个时候，黄宏生大学时期开始萌芽的梦想再次被不断勾起。

20世纪80年代，改革开放政策极大释放了中国经济的活力，在珠三角地区，各种外资企业、合资企业纷纷进入市场。黄宏生发现在市场经济环境下，这些企业的管理机制非常灵活有弹性，以结果为导向的经营方式大大提高了它们的运转效率，同时也刺激了珠三角经济的繁荣。"有这么好的政策和市场机制，实在是太诱人了。"黄宏生心里暗暗酝酿着创业计划，大学时的梦想随之涌动。于是，他怀揣着工作几年积攒下的三万块开始了创业。

在当时，彩电行业尚属于高不可攀的行业，尤其对一个没有任何资本和创业积累的年轻人来说更是可望而不可即，于是黄宏生选择离彩电梦最接近的电视机遥控器入手。那时国内的电视机大多是没有遥控器的，得手动切换，有次黄宏生去东北出差，发现没有遥控器实在是太不方便了，大冬天看电视想切换频道还得从被窝里爬出来操作，一来一回次数多了也就感冒了，他敏锐地预测到电视遥控器一定会是个蓝海市场。

说干就干，黄宏生在深圳华强北某栋大厦租了一角，联合早期的几个创业者，把遥控器做出来了。果不其然，订单如雪花飘至，几十家电视机生产商都抢着采购黄宏生生产出来的遥控器系统。

1990年，黄宏生已成为中国遥控器大王，掘到了创业的第一桶金。"要是我能做电视机该有多好啊！"大学时代的梦想再一次击中黄宏生。

当时，讯科（20世纪90年代初期香港最大的两家彩电企业之一）被香港录像带大王瑞林集团收购，一大批技术工程师面临职场抉择。黄宏生虽然还没有实力参与大鳄的收购角逐，但却像狼一样嗅到了绝佳的出击机会，他立即去找这批工程师，开出"分15%股份，以技术入股，成为原始股东"的优厚条件，成功猎到了30名精英干将。

有了强大的技术团队做依托，创维终于在电视机市场上杀出了一条血路，仅九个月时间，创维就开发出国际领先的第三代彩电，首秀德国柏林电子展获得一张两万台的大订单。这一年，还没有一条像样的彩电生产线和厂房的创维，赚回了3000万美元外汇。这次成功奠定了创维日后创建创维集团的技术基础，黄宏生和创维的彩电梦开始有了轮廓。

❝ 彻底的产品主义者

言及创业以来印象最深刻的一件事，黄宏生谈到，20世纪八九十年代，中国电视机的生产资质管理仍然是计划经济模式，只有国有企业、少量的合资企业（国有企业与外资合股）才能获得生产许可证。创维由于国际线路的电视机技术暂时领先，接到了许多国企的贴牌订单，但只能使用对方的生产许可证。后来想自己独立创立创维品牌，求生无门。但是到了1993年，随着邓小平发表的南方讲话影响力的扩大，国家政策进一步开放，申请好几年的生产许可证终于获得国家工信部与深圳市的允许，创维品牌终于在国家的改革开放下应运而生。

1988年至1994年间，创维先从投资贸易开始，到投资遥控器、丽音解码器，再到投资彩电，合资成立深圳创维-RGB电子有限公司。整整经历六个年头，从失败、成功、再失败、再成功，经受了无数次挫折。

1996年到2000年间，是创维高速发展的阶段。在商业模式上，企业业务如何与资本模式及紧密结合变得越来越重要，如何让有形的资产迅速地流动或证券化，并在这个过程当中实现最大的增值，是新形势下的重要课题。黄宏生发现，资金是最制约企业继续成长和扩张的瓶颈，当时的任务就是完成上市。

"选择香港，因为香港对上市公司的管制、法规等各方面都比较完善，比较有经验，对企业来讲这既是上市过程，也是脱胎换骨的过程，让一个家族企业，成功脱胎成为公众公司。更重要的是促使企业建立现代化企业管理机制，也正因打下这个基础和流程，让创维在经历更大风波的时候能够更好地活下来。"

2000年4月，创维成功登陆港交所，"创维情，中国心"的广告家喻户晓，创维电视畅销神州大地。以创维为首的第一梯队，成功让彩电从中国老百姓眼中的奢侈品，变为日常消费品，从此打破外资垄断的局面，实现中日韩三足鼎立。

2000年到2004年，创维借力香港资本市场，以充裕的资本和规范的监管，进一步助推了彩电业务的快速发展。到2004年创维营收超过100亿港元，销量冲至行业第一，稳固了行业霸主的地位，公司治理制度也得到进一步规范。

2004年到2013年间，创维进入了二次创业时代。2004年，创维掌舵人黄宏生因故不再管理公司，创维不畏变故，进军液晶平板产业。2005年，创维投建了国内第一条液晶面板线，2006年即推出了全球首台3G-USB液晶电视。2007年，创维联合美国Real Networks公司推出创维Coocaa TV。2008年，创维率先开始布局OLED电视产业，并吹响了进军白电的号角。

2014年以后，创维进入海外扩张期，积极收购海外资产。2014年收购南非一家彩电工厂和当地著名的家电品牌厦华（Sinotec）；2015年收购德国具有七十多年历史的品牌美兹（Metz），进军欧美高端市场；2016年收购印尼东芝TJP工厂，以印尼为据点辐射整个东南亚市场、在北非协助客户新建多条生产线，为日后自有品牌在当地生产做好铺垫。在国内进入存量市场以后，创维又将目光瞄向海外掘金机遇。

知名管理学者曾鸣的《略胜一筹》一书认为，纵观二十年来中国本土企业成长的轨迹，从总体上可以归于两类：一类称之为"机会经营者"，另一类称为"产品经营者"。

"机会经营者"所擅长的，是把握住中国改革开放中的每一个先机，寻求由于宏观环境和市场的剧烈变化所带来的机遇，整合资源，获得跳跃式发展。由于这类企业以机会为先导，什么挣钱做什么，往往在业务上体现出复杂的多元化特性，成长为大型的多元化企业集团。

与"机会经营者"不同，"产品经营者"的起点是一个明确的产品和行业。最初的短缺经济为"产品经营者"度过生存阶段，获得原始积累提供了良好的环境。而随后市场需求的爆炸式发展，造就了一批迅速壮大的行业领先者。其中的典型代表就有华为、联想和创维。

原创维集团总裁杨东文曾谈到，创维的发展有几个基因很突出，这些特质帮助创维成为一个以"实力说话""走得稳""活得好"的选手。

"首先，经营一直很稳健，比较关注现金流，经营质量。第二点是比较专注，改革开放多年，在这个大背景下，有很多机会，很多诱惑，但创维始终把最主要的精力和资源都放在彩电上，由一个产品进入一个行业，建立了一个专业的品牌。第三点，在主动和被动的环境之下，逐步建立了现代化的经营管理机制，由职业管理人团队打理公司，无论是管理规范化还是决策机制，都更加的科学、灵活。第四，创维的文化是内敛、稳重，注重实际、不讲求表面的风光。"

▌ 靠技术变革走出独立行情

一组数据足见行业的残酷之处：三十年前，全球彩电品牌有一千余家，到目前一百家；全国彩电品牌从三百多家，"杀剩"现在的十家左右。在黄宏生看来，这是大浪淘沙的结果，也是彩电行业一部艰苦卓绝的奋斗史。

然而，正是因为过往价格战过于激烈，行业陷入过度竞争，行业平均利润率大幅下降至微利时代，彩电厂商们最终落得了"只能喝汤没法吃肉"的结局。再加上多数企业本身就是缺乏核心科技含量的整合商，以及近年来房地产形势，还有以面板为首的原材料价格飞涨，彩电企业的日子愈发难过。

值得一提的是，家电领域中，老板电器所在的厨电领域堪称"吸金沃土"，老板电器的净利润率基本维持在20%左右，而相比格力、美的等白电动辄15%、7%的净利润率，黑电的利润率简直捉襟见肘，好的年头也仅有4%～5%，电视的盈利能力与这种产品在大众市场的渗透率毫不匹配。而资本市场的家电概念股中，包括深康佳A（000016）、TCL多媒体（HK1070）、创维数码（HK0751）在内的几只主流彩电股更是常年处于低位不见起色，缺乏想象力。

身处行业低谷，"彩电一哥"创维何去何从？为了挺过彩电寒冬突围自救，创维必须要掌握自研技术，发力高端市场。

创维集团总裁刘棠枝谈到，"中国梦"的概念诞生于2012年，但是创维在1988年就怀揣着一个企业梦想，那就是助力民族品牌崛起，做中国的"索尼"，走向世界。而创维献礼"中国梦"的第一层内涵即是创维领先的自主核心技术。

过去三十年，创维在技术上不搞噱头，不做墙头草，坚持做行业新技术的代言人。无论在CRT、平板、高清、3D、智能、4K、OLED等电视发展的各个阶段，都推出了全球领先和具有行业风向标的产品。

如早期的"中国第一台高清电视""中国第一台机卡分离一体机电视""中国第一台可录电视""全球第一台RM/RMVB格式的多媒体液晶电视Coocaa TV""云电视"等，到近几年逐步迈向全球高端电视市场，率先全球量产的"4K HDR电视""4K OLED电视"，全球首台搭载AR技术的OLED电视，中国首台自主研发的OLED电视，再到彻底颠覆行业对视界的认知，改变电视形态的"Wallpaper墙纸电视"等，创维一步步为产品打造差异化价值，用黑科技产品助推彩电行业的结构调整，提升中国产品在全球显示市场的话语权。

在向高端品牌发起挑战的路上，创维相继啃下了包括芯、屏、系统、先进显示技术等多块硬骨头。

值得一提的是，创维是中国OLED电视产业中最先瞄准这一前沿显示技术并果断押注的厂商。早在2008年，创维就投入专项资金对OLED电视技术进行研发。2011年，创维率先布局OLED实验室，次年成为国内第一个开发OLED电视的厂商。2018年第三季度，创维在国内OLED市场的占比已达到58.58%，占尽市场先机。"每销售两台OLED电视，就有一台是创维出产。"

目前，由于OLED具有众多技术上的优点，因此得到全球高端市场的青睐，全球高端电视市场中的OLED电视占有率不断扩大，2018年这一数据约为70%。IHS Markit预测，2019年中国OLED TV将继续保持高速增长，出现超过100%的增长率。

业界专家表示，在彩电技术上坚持OLED技术路线，成为这一技术领域的领军品牌，具有巨大的战略意义。一旦行业整体选择OLED技术路线，创维在业内的江湖地位就会随之而大幅提升。毕竟选择一个技术路线对了，就等于掌握了未来的主动权。

与此同时，创维还研发出具有中国自主知识产权的电视芯片，此前，高端画质处理技术和芯片均由日韩品牌掌握，关键技术领域国内品牌商一直后继乏力。创维在2018年，先后推出了自主研发AI画质芯片"蜂鸟"和"变色龙"AI芯片，大幅提升画质清晰度和色彩表现力，同时大幅提升语音交互功能，技术比肩国际先进水准，打破了日韩企业长期以来的核心技术垄断，开启了国产OLED、AI电视的新局面。

❝ 转型家电科技集团

目前，创维集团已经发展成为集黑色家电、白色家电、数字机顶盒等全家电品类综合性集团，业务及产品覆盖亚洲、美洲、欧洲等世界市场，拥有创维、酷开、Metz等多个世界性品牌以及多个海外制造基地。多元化、国际化、智能化斩获颇丰。

基于满足用户需求以及布局智能家居的需要，2010年，创维进军以冰箱、洗衣机为主的白电产业，正式启动多元化发展战略。2014年底，创维正式成立空调科技公司，宣告进入空调行业。2018年，创维宣布进军厨电行业，多元化布局再下一城。

黄宏生表示，创维从1995年开始尝试国际化征程，经过二十三年的亲身实践，取得了一些里程碑式的成绩，实现了从只做代工，到多子品牌线、多产品线经营的成长，完成了国际化从"走出去"到"走进去"的过程，正在坚定地"走下去"。目前，创维在近二十个国家、地区成立海外分公司、办事处，产品销往全球一百多个国家。

刘棠枝分析道："创维国际化开展主要遵循几个思路，一是搭建全球销售网络，加快分公司和品牌代理业务的发展；二是布局海外生产基地，通过并购、合资、合作建厂、协助战略客户搭建当地生产线等多种方式，缩短供应链；三是基于不同市场的需求，调整产品销售结构和销售策略；四是加大海外产品研发资源的投入，与上游芯片强强联合，研发自有芯片。"

面对未来，创维集团提出了转型升级的总体目标：通过五年努力，将创维建设为一个产业结构合理，重点产品技术先进，公司治理规范，营业规模超1000亿元，具有全球竞争力的智能家电和信息技术领军企业。

创维方面表示，新的一年将围绕转型升级的目标，推进珠三角和长三角两大智能基地的建设，并全面实施智能化、精细化及国际化三大战略，推动多媒体、智能电器、智能系统技术和现代服务业等四大业务板块的发展，以及积极推进互联网、物联网、云计算、大数据、AI、5G等新技术的应用，以智能家电产业生态体系建设为主线，开拓上下游重点配套业务。

❜ 技术派新生代开创新局面

黄宏生不是作坊式的民营企业家，很早就意识到企业发展过程中会碰到的一些问题，并通过资本市场和职业经理人的引进完成了机制的改变，让创维从一个家族企业，变成一家具有现代管理气息的明星公众公司。在这一点上，黄宏生思维既开明豁达，又富有远见。

黄宏生过去亦颇为推崇美的创始人何享健的交棒模式，他曾向媒体透露，是否"二代交班"视乎下一代兴趣，未来或许会仿效何享健的交棒路径，企业由家族控股、职业经理人打理。而在黄宏生曾经缺位的八年时间里，创维由张学斌、杨东文、刘棠枝等人所带领的一批职业经理人团队精心打理，成为最稳健的彩电企业。

2016年，创维引入业界重量级人马加盟，曾任国家机械电子工业部处长、南京熊猫董事长的赖伟德，其有过重组中电熊猫、推动中国面板产业崛起的辉煌经历，被誉为重组专家，同时亦有着丰厚的政府资源和资本运作、组织管理经验。在外界看来，赖伟德担任董事会主席，是创维积极推动变革、深化创新发展的信号。

进入2018年，创维加速进入新一轮人事调整。以王志国、林劲为代表的"技术派"和"新生代"走向台前，外界预计此将为创维带来新的调整和变革。

此番调整中，创维集团原CTO、酷开网络原CEO王志国正式出任创维RGB董事长、法人代表一职，任期三年。而深圳创维-RGB电子有限公司，正是创维集团彩电事业本部的经营主体，在集团中的战略地位可想而知。这意味着，作为80后，技术出身的少壮派王志国，将肩负起带领创维彩电业务重新出发的重担。

值得一提的是，创维旗下负责智能电视系统运营酷开，成立短短十二年，就成为OTT行业首屈一指的独角兽公司，估值过百亿，获得了互联网资本的青睐，爱奇艺、腾讯、百度等巨头先后投资入股。在"创维+酷开"这一软硬结合的生态推动下，创维智能电视机目前的激活用户数已超过3100万，日活用户数超过1100万，领跑全行业。

酷开这家独角兽公司就是王志国与创维创始人黄宏生之子林劲一同创立的。目前林劲担任酷开网络董事长，并担任创维数码执行董事。林劲这位行事低调的"创二代"，实力却一点也不低调，其毕业加拿大多伦多大学电子工程专业，曾在台湾瑞昱半导体、联发科有过研发、销售经验，2011年开始进入创维彩电系统历练，是位既懂技术又懂营销的"全能型选手"。

在制造业转型升级、变速换挡的背景下，创维理所当然需要经验丰富又思维灵活的新生代来开创新局面，重新激活彩电板块，同时寻找新的商业模式。80后管理者无疑将让创维变得更加年轻化，这也对家电行业智能化、互联网化有着积极的推动作用。

站在新一轮的周期起点，面对被"万物互联""人工智能""数字化生存"等标签覆盖的全新时代，如何继续领跑彩电行业的"中国制造2025"，超越索尼，成为中国彩电品牌的形象代言人，无疑将是创维的年轻高管团队们所面临的新挑战。

微医成长之路：互联网医疗进化的"中国样本"

章遇

在2018年世界互联网大会上，带着多项医疗黑科技亮相的微医创始人廖杰远再次走到镁光灯下。

廖杰远与乌镇、与世界互联网大会都颇有渊源。

三年前的那个冬天，第二届世界互联网大会开幕前夕，一家特殊的医院在乌镇揭牌开业，开创了在线处方、在线复诊、远程会诊等一系列融合创新的先河。作为中国首家互联网医院，乌镇互联网医院横空出世，并被作为乌镇互联网创新发展试验区的样板项目向全世界推出。

这一创举背后的操盘者正是廖杰远。如今，乌镇互联网医院每日的接诊量已达到6万～8万人次，几乎相当于三家三甲医院的服务规模。这个数字让廖杰远松了一口气。

一边是开放、自由的互联网，另一边是壁垒森严、保守封闭的医疗健康行业，二者的融合几乎是所有"互联网+"领域里最难啃的一块骨头。近年来，互联网技术以雷霆之势颠覆了一个个传统行业，而互联网医疗却一直在争议中摸着石头过河，模式众多，突破性成果寥寥。

细数这些年医疗创新领域，廖杰远和他的微医无疑是耀眼而又独特的存在。从最初一个其貌不扬、看不到盈利模式的预约挂号网站，到如今由医疗、医药、保险、智能医疗云平台组成的医疗健康生态体系，微医在巨头云集的互联网医疗江湖中蹚出了自己的一条道。

2018年5月，微医完成5亿美元Pre-IPO融资，估值飙升至55亿美元，成为国内最大的医疗健康科技平台之一。目前，微医内部正在进行分拆重组。不出意外的话，其旗下较为成熟的HMO板块"微医疗"将在明年登陆港股。

中国互联网医疗的发展史不过短短十年。回溯微医的成长之路，或许能让我们看到"互联网+医疗"摸索进化的一个样本。

"挂号网"上线：门外汉的梦想与一场未知的改革

"这辈子估计就做这件事了"，廖杰远时常感慨。对于这位连续创业者来说，微医或许就是他终生的事业了。

踏入医疗服务行业之前，廖杰远只不过是个"门外汉"。当然，很多人对他的背景并不陌生，IT出身，中国智能语音识别行业元老级技术大咖，拥有多项国际领先的中文智能语音技术发明专利，科大讯飞早期联合创始人之一。

这位IT专家毅然转身，一头扎进医疗行业的直接原因，是多年前一次艰难曲折的求医经历。

2010年，不到两岁的小侄儿因结核脚上长了肿块，廖杰远抱着他四处求医，十个月间辗转七家医院，常常凌晨三四点钟排队挂号。小侄儿最终还是被误诊为滑膜疝，遭受了不可修复的伤痛。

"在复杂疾病面前，我们都是无知和无奈的。"中国人看病难的痛苦对廖杰远产生了很大触动，心中的创业火种被再次点燃。"如果我这辈子还能做点什么，就是用自己熟悉的IT技术让老百姓看病够方便一些了。"

那一年，廖杰远和几个伙伴在上海创立"挂号网"（微医的前身），正式"染指"医疗行业。而彼时的医疗行业，一场前所未有的改革刚刚拉开帷幕。

2009年，随着中共中央、国务院《关于深化医药卫生体制改革的意见》正式颁布，新医改在争议中上路。固有的医疗行业框架开始出现松动，只是这改革终将走向何方，没有人能给出答案。

廖杰远和他的团队当然也不知道，刚刚萌芽的互联网医疗以何种路径可以走向成功，更谈不上清晰的盈利模式。别看现在的微医已经形成一个庞大完整的医疗健康生态体系，在创立后的最初几年里，微医的业务基本只有一样，免费挂号。

实现"就医不难，健康有道"，廖杰远创立微医的初心，与新医改解决老百姓"看病难、看病贵"的目标相吻合。然而，医院的"墙"远比想象中要坚固。他们只能选择医疗体系中最边缘的挂号业务作为切入口，解决人们就医流程中的第一道痛点。

恰逢当时的卫生部刚刚出台了一份《关于在公立医院施行预约诊疗服务工作的意见》，规定自2009年11月起，所有公立三级医院都要开展实名预约挂号服务。

通过互联网连接，将医院挂号窗口前移至患者的PC端、手机端，看起来"天时地利"的挂号业务，早期跟医院接洽并不顺利。

"院长问我们两个问题，内外网问题怎么解决？我们怎么挣钱？"廖杰远后来回忆，开始很难取得对方的信任，医院方面亦担心如果该业务不挣钱则无法长期持续下去。

当时，廖杰远带团队在复旦大学附属华山医院考察，一待就是六个月。面对医院落后的IT系统，通过设计前置服务器的模式，成功接通内外网，让医院内网数据在几毫秒内和外网完成数据交互，但又不与外网直连，避免产生安全风险。挂号网以此获得了该医院首批5%的号源。

口子撬开后，华山医院的样板迅速获得业内其他医院的认可。到2011年底，廖杰远就谈下了与267家医院的合作。2012年，挂号网拥有了3000万实名注册用户。到2015年，这个数字突破1亿，挂号网成为国内最大的在线预约挂号平台。

数据显示，到2017年底，微医已经连接全国30个省市的2700多家医院，26万医生，部署了1700多套前置服务器，实名注册用户超过1.8亿，累计服务人次超过8.7亿。

业务数据迅速飙升的背后，钱也"烧"得很快。微医在2012年开始就遇到了资金困境。"现金在快速消耗，我们团队自己投入的资金不足了，但还根本不知道怎么挣钱。那是个很艰难的阶段。"廖杰远回忆道。

所幸他们得到了资本的支持。2012年底，微医获得晨兴创投、风和投资2200万美元的A轮融资。

"客观来讲，那时候没人看得清楚我们是否能成功，也不知道后面的路径是什么样。这时候投资进来更多是认同我们这个团队，也认为这个行业需要有人去做探索。"再次提及六年前的那笔融资时，廖杰远依然十分感动。那时候他告诉投资方，这个钱投进来很可能打水漂，而对方跟他说，打水漂就当做功德了。

互联网医院破壳：突如其来的寒冬与小心翼翼的试探

小米创始人雷军曾有句流传甚广的话：站在风口上，猪也能飞起来。

2014年至2015年上半年，互联网医疗的风口来了。医疗被视为"互联网+"最后一块处女地，大量的创业者和投资人蜂拥而至，以期挖到医疗健康的"金矿"。

互联网医疗创业项目数量在这段时间出现井喷。据动脉网互联网医疗研究院发布的投融资统计数据，2014年全国互联网医疗行业融资事件共103起，融资额规模达14亿美元。其中，天使轮和A轮项目融资数量占近七成。

除了投融资火热之外，这一时期最引人瞩目的是，腾讯、阿里、百度等几大互联网巨头纷纷进场抢位。拥有巨大流量入口的微医无疑成为资本追捧的香饽饽。

2014年10月，微医宣布完成B轮融资，由腾讯领投，复星资本、晨兴创投、启明创投等多家机构跟投，共获得1.064亿美元投资，一举刷新了当时互联网医疗领域融资纪录。

"虽然还看不到规模的盈利，他们看到了互联网科技带来行业效率提升、推动医疗健康产业升级的一些可能性。"廖杰远接受媒体采访时表示。直至今天，腾讯仍位居微医的第一大机构股东。

热潮终将退去。随着二级市场崩盘，互联网医疗行业自2015年下半年遭遇资本寒冬，水温骤降。一个明显的分化是，天使轮和Pre-A轮项目的融资变得非常困难，2015年下半年后获得融资的早期项目大幅减少。而已经建立起竞争壁垒和资源优势的部分企业则获得更高的估值。微医、丁香园、春雨、好大夫等逐渐脱颖而出，成为头部企业。

"有的人在水面上看浪花，我们是沉在水底下，感受水流的方向。"廖杰远冷静地感受着行业的潮起潮落。行业的起落沉浮，尤其考验企业家的魅力和对方向的掌控力。

事实上，2015年是最为关键的一道分水岭，微医开始加速"下潜"。

2015年9月，微医完成C轮融资，获得由国开金融、腾讯、复星医药等共同投资的3.94亿美元，再次刷新中国互联网医疗的融资纪录。

同期，"挂号网"高调更名为"微医"，背后是整个业务体系的全面升级。经过前四年沉淀，完成了线下医疗资源整合，微医开始思考如何从挂号、就医流程优化切入到医疗健康的核心——诊疗。

2015年，微医拿到了当时国家卫计委颁发的首张互联网医院牌照。当年12月7日，微医与桐乡市人民政府合作创办的乌镇互联网医院正式上线开业。12月10日，浙医二院院长王建安通过乌镇互联网医院对患者进行网上问诊，开出了有史以来的第一张在线处方。

这个横空出世的新鲜事物在业内引起了大轰动。"那真是干了一个逆天的事，行业里说我们是一针捅破天。"廖杰远回忆。

乌镇互联网医院开创了在线处方、在线复诊、远程会诊等一系列融合式创新，成为互联网医疗新业态探索的样板。这种新业态有望打破医疗体系的层层壁垒，整个互联网医疗圈为之振奋。在当时不少业内人士看来，如果在线问诊、处方真的允许试点了，互联网医疗的春天就不远了。

那个时候，无论是互联网医院还是互联网诊疗行为，都处于政策边缘的灰色地带，身份十分尴尬，更不用说后来整个互联网诊疗面临的被禁风险。而乌镇作为互联网"特区"，在政策未明朗的时候，肩负着先行探索的重任。

"从我们自己来说，这是提高医疗效率，真正站在医生和老百姓角度的一种机制。但从监管角度来说，从医疗机构审批条例到医生执业法、医生处方规范，基本上都违反了。怎么办呢？"

对于乌镇互联网医院的先行试点，廖杰远显得格外谨慎。"现在回过头来看，我们做了两件正确的事。第一，我们自己把所有的流程、所有的风险，按照最严谨最保守的方式去做，从那时候开始就坚持只做复诊，不做首诊。第二，尽可能去跟监管部门沟通，每一次监管部门来检查，我们都坦诚地将每一个环节仔仔细细地汇报。"

到现在，乌镇互联网医院的日均接诊量已经相当于3家三甲医院的服务规模。以乌镇为起点，微医互联网医院先后在广东、海南、江苏、上海等19个城市落地开花。挂靠在实体大医院下的互联网医院，得到了政府的大力支持。

同时，在互联网医院的基础上，微医开始推动基层医疗机构互联网医疗体建设，并陆续建立了包括胰腺癌远程会诊中心、肝脏移植咨询中心在内的十二个专病远程会诊中心。

HMO试水：未来医疗的终极创想与盈利破冰

政策之于医疗产业如同氧气之于人类。始于2017年的一场监管风波，让互联网医疗行业的水温降至冰点。

原国家卫计委制定的《互联网诊疗管理办法（试行）》（征求意见稿）在网上流传，拟对互联网诊疗活动的范围进行严格限制。一时间，互联网诊疗或将被禁的悲观情绪蔓延至整个行业。

雪上加霜的是，一批互联网医疗公司陆续倒闭。对于互联网医疗，开始出现各种不同的声音，舆论和资本都纷纷置疑互联网医疗到底能不能走得通。

一个不可回避的现实是，互联网医疗一直未有清晰的盈利模式。经过多年的发展，初期以用户数和流量为核心的模式一直难以变现。线上"轻问诊""轻运营"模式也遇到了瓶颈，大家发现低频、浅层次的线上问诊需求，并不足以激起用户的付费意愿。

创业者和投资者或许都低估了传统医疗体系的改造难度。互联网的"魔法"，似乎在医疗领域失效了，期待的大爆发并没有到来。

"所谓盈利难是表象，盈利难底下是你建立老百姓信任的、真正解决老百姓问题的医疗供应能力难。"对于这个困扰全行业的问题，廖杰远一针见血地指出："绝大部分'互联网+'行业都是流量为王，因为由需求决定供应。只有医疗行业恰恰相反，是由供应决定需求。在互联网医疗行业里，流量根本没有价值。"

在廖杰远看来，互联网医疗真正难的是帮助老百姓解决三大需求：第一是看好病，这需要线上线下紧密协同，全科和各个不同专科协同；第二，帮助他们建立起健康生活方式，大病能够早发现，慢病能管理好；第三是支付杠杆，支付有限的钱，得大病时能够得到高额保障。

"老百姓只会为能够解决问题的供应能力买单。医疗供应能力建立起来了，你会发现老百姓的需求和支付能力远远超出预期，盈利就不是问题了。"廖杰远坚信，供应能力是这个行业唯一的核心价值。

在全行业都在寻找新的发展路径时，微医转身布局一盘更大的棋。

2016年，微医在业内率先提出"ACO责任医疗计划"，通过整合线上、线下医疗资源，为会员提供管理型健康医疗服务，立志成为中国的"凯撒医疗"。

2017年3月开始切入线下，首个微医全科中心落户萧山，设有全科、妇产科、儿科、牙科、中医科、皮肤科、心理科、检验科和医学影像科等科室，提供全人、全程、全家的医疗服务和健康维护。

2018年，微医全科中心陆续在北京、南京、济南、成都、武汉等城市开业。按照廖杰远的计划，将快速输出全科中心标准化建设与运营能力，以自建、加盟、托管等开放模式，三年内落地100家全科中心。

"'线上+线下''全科+专科'全部打通连接，才能实现完整的医疗价值链。"在他看来，线上只能解决复诊、导诊分流、远程会诊、慢病管理这四个服务，期待未来50%的慢病、常见病和健康维护在线下全科中心甚至在家里就可以解决，只有20%～30%的疑难病症需要从线上平台分诊至线下医院的专科。

在药品这一端，微医自2016年启动了"互联网医院+药店"合作计划。线下药店通过登录互联网医院系统，便可为会员提供精准预约、远程诊疗、电子处方等服务，免费升级为虚拟诊所，建立起基于互联网的"药诊店"新业态。目前已连接近两万家线下实体药房。

而从2018年2月开始，微医承接了"全国处方共享平台"，试图在医院、医保、药企和零售药店之间建立起连接。在医药分开、处方外流的大趋势下，亦不失为前瞻性的一招棋。据介绍，目前该处方共享平台已在海南、黑龙江、山东、河南、四川等省市落地，单日处方流转量超过七万张。

支付端的保险亦是不可或缺的一环。2017年3月，微医牵手众安，推出ACO（责任医疗组织）系列产品的首个线上互联网医疗健康险，打通在线诊疗的商保直付通道，试图解决支付端的痛点。而Pre-IPO轮融资刚刚引入了战投友邦保险，双方未来也会探索更多深度合作。

至此，由"微医疗""微医药""微医保"三大板块组成的HMO（健康维护组织）体系基本搭建完成。

据悉，目前微医HMO签约用户已达460万，覆盖120万家庭。用户每天只需要一块钱，就可享受到主动、全时、贴心的家庭健康服务。在全行业面临盈利困扰的时候，微医HMO板块已经实现了盈利。

"未来老百姓有两个选择，一个是医保，一个是HMO。我相信大部分老百姓的选择是医保+HMO。这在中国是万亿级市场，我们也才刚刚开始。"廖杰远表示。

"微医云"织网：从互联网医疗到健康科技平台

从最初的预约挂号服务为出发原点，微医通过互联网已经连接了医院、医生、患者以及医、药、险等医疗服务供需场景，建立了医院、医联体、微医全科中心在内的100多个区域医疗服务基地，还覆盖了包括社区卫生服务中心和药诊店在内的两万多家基层医疗服务网点。

八年的时间，微医不断蓄能、裂变，成为全国最大的医疗健康服务平台和远程医疗协作网。

廖杰远的雄心并未止于此。2700多家医院，超过26万医生、1.8亿用户，沉淀下来的数据积累与场景连接，逐渐形成了微医的核心基础业务——"微医云"。

2017年底发布的"微医云"是一个开放的智能医疗云平台，主要面对医院、政府和行业等用户，提供互联网医院、互联网医联体、家庭医生签约服务平台、云药房、医疗AI辅助诊断等在内的数十种云化解决方案。

廖杰远认为，互联网医疗真正落地是在"TO G"（服务政府、行业）和"TO C"（服务老百姓），要有能力有效率地组织医疗供应能力。"如果落不了地，反而会让很多人产生误解，认为互联网医疗没有实际价值，解决不了老百姓的根本痛点。"

事实上，老百姓的痛点，用一句话概括起来就是"看病难，看病贵"。这背后的根本症结在于医疗资源分布不均衡。大医院人满为患，而基层医疗机构却门可罗雀，资源错配导致医院负担沉重，医患关系矛盾突出。如何盘活医疗资源、优化医疗资源配置，缓解医疗压力，成为中国医疗改革的核心任务。

在廖杰远看来，实现医疗资源均衡配置的关键是开放与共享，即打破医院的"围墙"，逐步实现数据互通、人力协同和资源协同，将优质医疗资源和医疗能力下沉，给基层医疗机构带来突破性能力提升，真正建立起老百姓的"健康守门人"的服务机制。

而"微医云"实质上正是一个互通共享的平台。"我们帮医院做的事情是优化就医流程，把大医院的能力和基层医疗机构的能力协同起来，帮助基层医疗机构能力提升；我们帮政府做两件事，一是医疗健康大数据共享平台，二是帮地方政府建立家庭医生签约服务平台，让基层医生跟上级医院医生形成紧密协同，跟签约家庭形成持续的服务。"廖杰远告诉记者。

基于"微医云"平台，微医开始布局医疗AI。

2017年，微医创建了国内首个面向家庭用户的人工智能硬件终端"微医通"。同时推出了两个人工智能辅助诊疗系统"睿医智能医生""华佗智能医生"，前者面向西医，后者面向中医。第五届世界互联网大会上，微医的智能医务室、云巡诊车、3D微创模拟手术室等新智能产品悉数亮相。

谷歌前执行董事长埃里克·施密特曾言，人工智能最大的应用机会在医疗健康，医疗健康最大的应用场景在中国。廖杰远自己补充了一句：在中国，医疗AI最大的机会在基层。

"短时间内提高庞大的基层医生队伍的专业能力和医学水平是不现实的，但AI能够提供帮助。"廖杰远的想法是，通过医疗AI辅助，把专家的技术和经验复制到基层，让基层医生的专业能力标准化提升。

据悉，目前华佗智能医生AI系统已在全国1200多家中医院使用，华佗辅助诊断系统已超过260万张开方量，成为国内应用最广的智能AI系统。

基于"微医云"，我们看到了微医业务能力的再一次全面升级。不难发现，在国内整个互联网医疗行业中，微医是"医疗"属性最强的一个，科技感也越来越强。

事实上，相对于互联网医疗，现在廖杰远更愿意将微医定位为医疗健康科技平台。互联网之于医疗，不再是颠覆，而是赋能。"互联网、AI技术是提高医疗行业能力和效率的一种方式和手段。"

❝ 政策破冰：坚守者的春天

2018年，互联网医疗终于迎来了政策的春风。

4月份，国务院对外发布《关于促进"互联网+医疗健康"发展的意见》（下称《意见》），随后多项配套的实施细则亦相继落地。这标志着，互联网医疗正式得到了国家战略层面的认可。有了顶层设计和实施细则，"互联网+医疗健康"的发展路径逐渐变得明晰。

《意见》明确指出了"互联网+医疗健康"发展的七大方向：互联网+医疗、互联网+公共卫生、互联网+家庭医生签约、互联网+药品供应保障、互联网+医保结算、互联网+医学教育、互联网+人工智能应用。

"坚持是我们做得最正确的事。"廖杰远说，"任何一个创新，其实都是生产力的重组，必然要突破很多过往形成的规则，这不容易。"

坚守八年，终于等来了行业的春天。更难得的是，微医所做的每一个探索几乎都与政策的设计相吻合。现在看来，微医的每一次布局都颇有远见。

三年前创立乌镇互联网医院时，微医与政府约定要做互联网医疗的"小岗村"。如今，互联网医院在全国各地渐次开花，乌镇互联网医院成了最经典的样本。去年，微医与河南平顶山市签约合作"互联网+医疗健康"项目，推动分级诊疗。这一"平顶山模式"得到了上级领导部门的广泛赞誉。2018年11月3日，国务院深化医药卫生体制改革领导小组发布专题简报，赞扬这一实践，称其"做细了公卫、做强了基层、做通了医联体、做准了健康扶贫"。

外界亦惊讶于，微医的每一次变革和创新，似乎都掐准了医疗改革的脉络，踩在政策节点上。很多人说，因为廖杰远善于与政府打交道，擅长整合资源。

"为何每一次我们的探索和实践都在政策之前半拍，原因很简单，政府的心在老百姓身上，目标是解决老百姓的问题。而我们作为一个企业，所做的一切都是以用户为中心的，和政府的出发点一样。"廖杰远对此直言不讳，"与政府同频共振，你会发现，你的理解和它的理解，你面对的挑战和它所看到的挑战是一样的。最后你会发现，你所探索出来的'解'和它所需要的'解'是一模一样的。这也是微医作为行业的创新者，能够推动整个行业政策进程的唯一奥妙所在。"

创新引领·砥砺前行

——联合电服公司为大湾区智慧交通发展谱新篇

2018年10月23日，港珠澳大桥开通仪式在广东珠海举行。中共中央总书记、国家主席、中央军委主席习近平走上主席台，宣布："港珠澳大桥正式开通！"

伶仃洋上，云开日出，海天一色，港珠澳大桥如同一条巨龙飞腾在湛蓝的大海之上。这项世纪工程早已蜚声海内外，但少有人知晓的是，如何协调粤港澳三地不同的收费体系，建设优质、高效的联网收费系统，这成为大桥建设团队需要解决的重要课题。

2018年5月初，港珠澳大桥收费系统的联调检测工作完成。大桥采用同时兼容内地和香港电子不停车收费（ETC）标准的高速公路联网收费系统作为完美的解决方案。至此，大桥主体工程主线收费站的双向20条收费车道，均支持ETC和人工收费方式，同步服务纳入全国ETC联网的国标ETC卡用户和安装香港快易通电子标签的用户。粤港澳三地历史上首次实现了不停车收费系统的互联互通。

提供以上技术支持和通行费拆分结算服务的，是2002年经广东省人民政府批准成立的全国唯——家在粤港澳三地实施不停车收费系统的运营商——广东联合电子服务股份有限公司（下称"联合电服公司"）。

▋ 凡益之道，与时偕行

改革开放之初，公路基础设施建设滞后，建设资金不足的问题成为制约经济发展的瓶颈。作为改革开放的排头兵、先行地、实验区，广东率先采用"贷款修路，收费还贷"的模式建设高速公路。此后二十年里，广东省高速公路叠嶂如层峦之势一发不可收拾，但也在体制上形成了"一路一公司"的建设运营模式。由于投资主体不同，各路段条块分割、互不相通的局面日渐严峻。至2002年底，全省高速公路路段业主已涉及数十个路段公司，近百个投资者；不同路段收费系统之间缺乏统一的技术标准和建设规范，彼此间难以实现互通互连。

古语云：凡益之道，与时偕行，此时破局方能有益。联合电服公司肩负起协调各路段公司、负责广东省高速公路联网收费统一拆分结算的重任。

追古抚今，联合电服公司董事长陈木钦自豪地告诉记者，十六年来，公司从无到有、从弱至强，在行业所有含金量高的指标中——通行费结算额、用户规模、服务网点数量和ETC车道数量——均位列全国同行业第一，交出了一张张浓缩广东交通人凝心聚力、不畏艰辛的闪亮成绩单。

经过多年精心耕耘，联合电服公司于2014年6月底实现了全省"一张网"联网收费。广东省成为车辆通行高效、通行费结算快速的全国省级联网样板。

一时间，往来的各省同行考察应接不暇，广东经验遂在各地落地开花。

自此，联合电服公司圆满地解决了广东省高速公路的历史难题，但关于这家公司的故事，还远不止于此。

▌ 改革者新，创新者强

经过多年的奋斗，联合电服公司构建了广东全省"一张网"收费系统，还没来得及喘一口气，却发现全国"一张网"的浪潮，正奔涌而来。

2015年，交通运输部将全国高速公路电子不停车收费（ETC）联网作为十项重点惠民工程，广东作为2015年第一批联网省份被要求必须于当年6月底前接入全国ETC联网。

怎么办？改！

在广东省交通运输厅全力以赴推动落实交通运输部的要求下，联合电服公司组织统筹全省上百家高速公路经营管理单位，攻坚克难，在时间紧任务重的情况下，顺利完成了一系列入网前的准备工作。2015年6月26日零时完成省内联网收费系统的切换，并于6月30日正式并入全国ETC联网，粤通卡用户从此实现了"一卡在手，全国通行"。

广东省高速公路通车里程长、路网密度高，ETC车道建设任务重，在短短半年时间里，全省各高速公路路段业主加班加点、紧锣密鼓完成了招投标、设计、施工、软硬件调试等任务，新增建成开通ETC车道743条，至2015年6月底合计开通总数达1325条，提前三个月完成了主线收费站100%覆盖率和匝道收费站90%覆盖率的建设目标。

国家交通运输部对广东省工作给予了充分肯定，指出"广东省高速公路经营主体最多、联网环境最复杂，各单位不讲条件、顾全大局，上下齐心协力、深入细致地完成了各项入网准备工作"。

善战者求之于势，"势"则是机遇。全国一张网，是冲击，也是前所未有的机遇。

联合电服公司在全国一张网的项目中，要承担省结算中心系统、粤通卡客服系统等软硬件开发升级工作；建立全国联网跨省清分结算、客户服务体系；组织完成广东省的路段收费系统与全国ETC产品、广东省ETC产品与其他省份收费系统之间的互联互通测试；并要同步实现新的广东省高速公路收费车型分类标准、货车全计重收费模式等两项重大调整。

这一项项挑战，摆在联合电服公司人面前。联合电服公司以创新应对，各个击破。可以说，作为第一批并入全国一张网收费系统的广东，以积极的应对态度、领先的技术水平和先进的行业标准，在其后的国家交通运输部各项革新项目中充当着权威示范与智囊储备的角色。

全国一张网项目的攻坚难题还不止这些。此前广东省高速公路收费车型是按照2003年经交通运输部批准的以车辆轴（轮）数及车头高度等物理参数进行分类，此次为了顺利接入全国ETC联网，广东省须执行交通运输部新颁布的车型分类行业标准，并按照部指导意见同步实施货车完全计重收费。

最终，在广东交通运输厅领导下，联合电服公司会同相关单位在短时间内密集完成了大量的调研测算，按照收费水平总体持平，不增加车主和社会总体负担的原则，顺利完成了系统改造。

❝ 百舸争流，奋楫者先

2018年10月，习近平总书记在广东考察调研，再次发出深化改革开放、推进自主创新的奋斗号令。他说："我们要有自主创新的骨气和志气，加快增强自主创新能力和实力。"创新是引领发展的第一动力，是建设现代化经济体系的战略支撑，中国的改革开放必将在增强自主创新能力和实力中继续推向前进。

可以说，改革开放四十年后的今天，中国增强自主创新能力和实力，才是改革开放的新起点。

身处改革开放伟大时代是联合电服公司跨越式发展首要的也是最重要的成因。联合电服公司人站在改革开放的桥头，手中攥着一个又一个行业内自主创新的技术成果，在百舸竞争的行业里奋楫争先。

这些成果里，有着重解决路段业主拆分结算要求——按实际路径收费、按实际路径拆分问题的。

联合电服公司牵头编制了广东5.8GHzETC自由流路径标识的技术标

准，将ETC自由流标识点的路径标识码信息写入ETC车辆的OBU与非现金支付卡内，车道系统据此自动辨识ETC车辆在"一张网"中实际行驶路径，完成车辆通行费的计算与扣款。

它将孤立的"点"连成线、织成网，技术成了连点成线，编织成网的"针"。该系统是全国首例大规模投入运营的ETC路径标识系统，开通以来运行稳定可靠，累计标识ETC车流1.3亿车次，综合路径识别成功率达到99%。

有解决车主多元化支付需求的。

联合电服公司独立研发推动的"高速公路通行费移动支付项目"自2016年启动并完成试点验证，并在2017年提出基于ETC的"互联网+移动支付"解决方案。这一系列项目依托移动互联网的便利性，加上停车无感支付与不停车支付业务的齐头并进，让省内大多数收费站都支持粤通宝、微信、支付宝、银联二维码扫码支付，同时支持微信、支付宝、银联代扣支付，快速适应了当代人的移动支付习惯。2018年底，基本实现移动支付在省内收费站的全覆盖。项目获得"交通运输行业转型升级创新大赛之电子支付大赛"二等奖，同时获得"交通运输行业转型升级创新大赛总决赛"三等奖。

有解决客户服务能效瓶颈问题的。

在支付多元化的同时，联合电服公司还按照"线上用户线上服务思路"，引导用户通过手机（移动终端）实现线上发行、充值、打印发票等以往需要在营业厅办理的业务。个人信息、车辆信息、支付账户信息在线绑定，让用户可以足不出户，查询通行记录、费率和消费记录。

"粤通卡互联网统一接入平台"项目自2014年底启动，经三年以来的飞速发展，现阶段平台注册用户已经超过787万，累计273万绑卡用户。用户可以通过粤通卡官方网站、APP，配合充值设备，在线自助完成粤通卡充值，亦可以通过建行、民生、光大、中行、邮储银行和农行的自助设备实现快速充值。用户通过互联网充值，无需再到营业网点、充值代理点（如加油站、银行等）排队等候人工充值，节省了时间，极大提高了粤通卡服务受理量。陈木钦提到，"从公司创建至今，客服人员的数量增加不到一成，而我们所服务的车主数量，这十六年里却翻了十番，压力很大，但我们靠着创新，服务没有缩水。"

目前粤通卡互联网统一接入平台承担粤通卡互联网业务后台支撑服务，已成为公司最重要的业务平台。

像这些例子，不胜枚举。2017年底重组进入省交通集团大家庭后，国企板块重组合力效应充分显现。联合电服公司按标准化ETC车道标志标线规范，完成珠三角地区重要节点、重点区域ETC车道标志标线整改工作，有效提升通行效率。创新应用相控阵技术。在ETC车道采用相控阵天线，可以有效解决跟车干扰、旁道干扰等问题，理论过车速度较原来提高两倍以上。目前已在珠三角地区多个路段开展试点及推广。

联合电服公司以发展ETC技术为主，充分兼容移动不停车收费技术，优先发展ETC自由流收费技术，初步构建智慧收费体系统。2018年4月上旬，无感支付（车牌付）落地广州、深圳等地，获央视、广州日报等媒体高度关注报道。联合电服公司用一年多时间从研发试点到全国首创匝道ETC自由流技术，在高速公路匝道安装龙门架提前进行车辆识别收费，试点结果表明，在不增加车道建设和改造的前提下，大幅提高收费广场的整体通行能力。在大幅降低建设成本的同时，复用ETC车道兼容ETC识别和车牌识别技术，让整个收费站变为不停车收费广场。

这些看似细微的服务，却能让每天奔波于高速公路的普通车主感受到ETC与时俱进的方便、快捷。只要问问身边经常开车跑高速的朋友，便不难发现技术革新带来的便捷已融入车主们的日常生活中。这些科技成果，无一不是联合电服公司这些年里掌握的"核心科技"。

> ## 循道而行，功成事遂

市场中时常出现民企与国企的论断，诸如国企死气沉沉、缺乏朝气；民企具有先天竞争活力、更能推动社会发展等云云。

联合电服公司体会尤深，他们说公司理念的变了，必然带来商业模式的变革。搞好国有企业，不是要不要改革的问题，而是如何改革的问题。就国企改革的一些原则性和方向性的问题，2015年7月，习近平总书记在吉林省考察调研期间，提出"三个有利于"标准：推进国有企业改革，要有利于国有资本保值增值，有利于提高国有经济竞争力，有利于放大国有资本功能。

"根据总书记说的'三个有利于'，我们国企的理念是什么，是追求社会效益；是为人民美好生活而奋斗。"陈木钦说道。联合电服公司始终以服务"广大车主"和"路段业主"为核心，谋其所需、思其所想、筹其所迫。

可以说，联合电服公司的"道"，是服务之道。

由此，联合电服公司不管是在商业模式上还是在内部管理上，都转变成了以用户为中心。这被总结为以源点——客户需求来驱动、整合智慧交通产业链，形成永续的良性循环。

联合电服公司以服务为核心，为车主与业主都做出了诸多创新，是为主业；那么主业之外呢，是否如近年来的风潮一般去投资房地产等热门领域？

联合电服公司给出的答案很简单——仍然是服务，并称之为增值服务。

几年前，联合电服公司经营管理层的一次务虚会上，有人提出了一系列问题：在一直以来做的拆分结算业务的基础上，我们还能不能更进一步；在汽车下路进城以后，我们还可不可以为车主做些什么；在年复一年积累了天量的交通大数据后，我们还是否尚有余力用这个大数据更加精准地提供服务？

道不可坐论，在务虚会后的几年中，联合电服公司先后建立了三家子公司。

公司关注城市智能交通领域的增值服务。发现未来ETC技术将进入城市智能交通领域，同时与车辆绑定的支付账户为城市应用的支付提供了便捷。联合电服公司认为ETC技术将为城市智能交通发展带来新机遇，拓展新业务，同时还能推动智能交通产业的创新发展。

于是有了广东联合电服信息科技有限公司（下称"联合信科公司"）。

联合信科公司是广东省唯一持有央行颁发的预付卡发行与受理牌照的国有企业。在集团大力支持下，联合电服公司正加快发展智慧交通和出行服务业务，实现粤通卡与粤通宝的融合升级，开启ETC新时代，推动高速公路通行、公共交通出行及城市生活服务全省"一卡通行"。

依托第三方支付牌照，联合信科公司实现服务从线下向线上转变，从单一功能向综合服务转变，粤通宝作为粤通卡的升级产品，服务场景将向停车、加油、商超、景区、4S店等城市支付应用领域扩展。

粤通宝的ETC+移动支付服务，实现了在线发行和自助安装，解决了用户办理不便的问题；实现了在线充值，即充即用，解决了粤通卡充值和线下圈存的问题；其"先通行后扣费"的准信用模式解决了用户因卡内余额不足过不了收费站的问题。不仅如此，粤通宝的使用已从单一的高速收费拓展到加油、停车、小额支付等多领域多场景应用。

截至2018年10月份，联合信科公司开拓超市、油站、停车场等线下消费应用场景签约数近2700个，打造全省公共出行一卡通。

联合电服公司关注智能车路协同、车车协同应用领域的增值服务。联合电服公司研判，需要全面构筑"人—车—路"全领域感知的智能协同路网，才是迈出智能交通建设的关键一步，还需要进一步加大相关领域技术的研究投入，同时加强成果转化。

继而有了广东联邦车网科技股份有限公司（下称"联邦车网公司"）。

联邦车网公司定位在粤通卡互联网增值业务开发及运营，基于存量ETC用户规模及行为习惯，打造车联网平台与后市场生态体系。公司开发的"粤通卡·ETC车宝"为独立开发运营的移动端汽车生活服务应用平台，为全国首个基于ETC的车主服务平台，以粤通卡移动互联网功能为基础，快速全场景布局汽车生活服务，通过与汽车产业链上各类商家深度合作，将平台服务功能拓展到车务、洗车保养、车品购买、汽车消费金融、旅游自驾等方面。

截至2018年10月，ETC车宝APP注册用户574万，9月当月平均日活25万。在汽车工具类APP排名中稳居全国第二。

2017年11月，联邦车网与上市公司北京万集科技签署增资扩股协议，万集科技斥资认购联邦车网10%股份。资本市场的垂青，也从侧面证明了市场的广泛认可。

联合电服公司关注基于云计算与大数据的智能交通新业态的增值服务。转而有了广东联合电服数据科技股份有限公司（下称"联合数据公司"）。

联合数据公司以整合及连接交通运输相关数据资源为使命，利用自身在交通大数据应用业务的优势，积极关注基于云计算与大数据的智能交通新业态，利用自身的大数据交换、处理、挖掘、分析能力，参与到相关商业模式创新中去，为政府、行业客户、终端用户提供决策监管、营运管理和交通服务。

公司自主搭建了认知计算大数据分析云平台，不断创新数据产品和服务的模式，以推进数据产业的产、学、研、创的产业生态闭环为目标，为实现交通行业各企业的数据由"自然资源"向新经济"核心生产资源"的价值转化而努力，并致力于成为交通领域大数据应用分析提供商。

目前，联合数据公司创新研发的数据产品有数联路通（道路运输企业综合服务平台）、数联路安（重点运输工具智能监控平台）、数联路信（高速公路路费偷逃稽查管理平台）等大数据产品，所服务企业用户已超过500家。

三问三答，问出了全行业的思考，答到了破局与演进的尝试。有了远期谋划与战略部署的量变，质变的时机日渐成熟。

在2017年10月，经省政府批准，新一轮省属国企重组的"首单"正式落地，省属高速公路板块企业实现"三合一"，以广东省交通集团为主，整合联合电服公司和广东南粤交投公司。重组进入省交通集团后，联合电服公司走上了更加宽广的舞台。

联合电服公司的远景，是努力将自身打造成为行业领先、国内一流的智慧交通电子信息综合服务商和交通大数据一级开发商的目标，这一目标在集团内得到广泛支持。

广东省机动车保有量大，路网发达，同时交通运输任务也十分艰巨，省交通集团作为省属交通企业，承载着全省高速公路的投资、建设与经营，充分发挥现有交通基础设施潜力，提高运输效率和效益，改善交通安全，缓解交通拥堵，提高整个路网的运输效率和通行能力是集团义不容辞的责任。

联合电服公司根据"抓整合、谋共享、搭平台、促发展"的总方针，紧抓国家交通"信息化"建设战略窗口期黄金机遇，积极发挥集团在出行信息服务方面的优势，运用集团相关资源，通过创新服务模式，正积极主导着"互联网+"出行信息服务平台的开发与建设。

同时，联合电服公司还在建设运维一站式的便捷出行信息综合服务平台。组织集团相关单位开展联合报道、平台交流活动，推动出行信息服务的升级和革新，让人民群众在出行前合理规划出行路线与出行时间，实现"便捷出行"。

未来，联合电服公司将建立一个实时、准确、高效、大范围和全方位的"互联网+"出行信息服务平台。平台将充分发挥广东省现有交通基础设施潜力和价值，提高运输效率和效益；改善交通安全以及缓解交通拥挤，提高整个路网的运输效率和通行能力，使车辆行驶通畅，降低油耗，从而减少废气排放，降低汽车运输对环境的污染；极大地提高使用者的方便性、安全性，节约运输费用，提高经济效益。同时"互联网+"出行信息服务平台还将为出行者服务提供实时准确的资料，服务于大众。

❚ 尾声

习近平总书记在2018年3月参加广东代表团审议时对广东工作作出"四个走在全国前列"的重要指示，10月视察广东时提出"四个方面"工作要求。习总书记要求广东经济发展要从注重量的扩张转到更加重视质的提升，希望广东率先实现质量变革、效率变革、动力变革，并对广东提出了坚持创新，大力发展实体经济，深入抓好生态文明建设，切实保障和改善民生等具体要求。

这些要求，同时也是联合电服人的奋斗目标。抢抓粤港澳大湾区建设的大机遇、大文章，积极发挥混合所有制国企创新主体作用，加快建立创新体制机制，激发创新活力，高标准推进粤港澳大湾区乃至全国的智慧交通产业发展。

十六年很长，破茧成蝶，联合电服公司便勾勒出广东高速收费行业的发展脉络。

改革开放四十年的潮水中，联合电服公司当年从业的年轻人，成为现在的中年人。但他们从未停歇服务的脚步。他们的欢笑和泪水、荣耀与失败，属于整个广东交通人，更属于这个时代。

十六年很短，白云苍狗，转瞬进入新时代，但十年如一日的服务精神依然会传承。

联合电服公司董事长陈木钦强调，未来，公司将按照习近平总书记对国有企业的明确要求和对广东提出的"四个走在全国前列"重要指示精神，牢牢把握高质量发展这个根本要求，以高度的使命感、强烈的责任感，抓好大湾区智慧交通建设，以服务之道，做出更新更强的注解，奋斗不止、砥砺前行。

"国民京东"的创业之路：科技是第一驱动力

王媛

1998年，改革开放已经进行了二十年，人们的思想意识进一步得到解放，"下海"成为潮流。而中关村无疑是站在新一轮经济发展的潮头。京东集团创始人刘强东于1992年从宿迁农村来到人民大学上学，中关村创新的氛围激励着他投入创业。

那一年，刘强东在中关村租了一个四平方米的柜台开始创业，从创业的第一天起，刘强东就坚持只卖正品，为客户开发票、足额交税。京东"正道成功"的理念像一颗种子，从开始就深深地扎根了。

2003年非典袭来，电脑城歇业，京东的生意面临夭折的风险。刘强东尝试着在网络BBS里销售产品，开始没有人相信他。正是由于他平时诚信经营，BBS的版主大力推荐，京东开始试水网上销售。

刘强东很早就发现，国内物流体系非常落后，物流成本占GDP的比重高达16%～18%，物流成本高昂吞噬了大量制造业的利润，间接造成了中国制造和物流配送的水平低下。于是，为了从根本上解决物流成本、效率的问题，京东于2007年在一片质疑声中选择自建物流。

如今，京东已从当初的中关村三尺小柜台到拥有17万名员工、年交易额突破1.3万亿元、服务全球超过3亿用户，间接创造上千万就业岗位、带动数十万人脱贫的高科技企业。

2017年，京东位居世界《财富》500强第261位，居中国上榜互联网公司首位；2018年在全球品牌价值100强的排名中，京东位列第59位，并成为整个榜单中品牌价值增长最快的企业，是中国向全世界展现新经济和互联网成就的名片之一和独特样本。

实际上，曾经在不少竞争对手眼里，京东这种埋头苦干式的B2C自营模式过于"笨重"，加上京东把钱狠狠"烧"在自建物流上造成战略性的亏损，以及在全中国范围内拥有浩浩荡荡的配送人力大军，走的无疑是一条"非死不可"的道路。但是，京东不仅没有走向死亡，还一步步缩小与阿里之间的差距，更以"磨炼"出来的技术和社会化能力赢得了对手和行业的尊重。

正因为对正品的坚持，对体验的坚持，京东解决了网络购物领域长期存在的大量桎梏，这正是京东得以生存和快速壮大的基础和原因。

京东历年总收入（亿元）

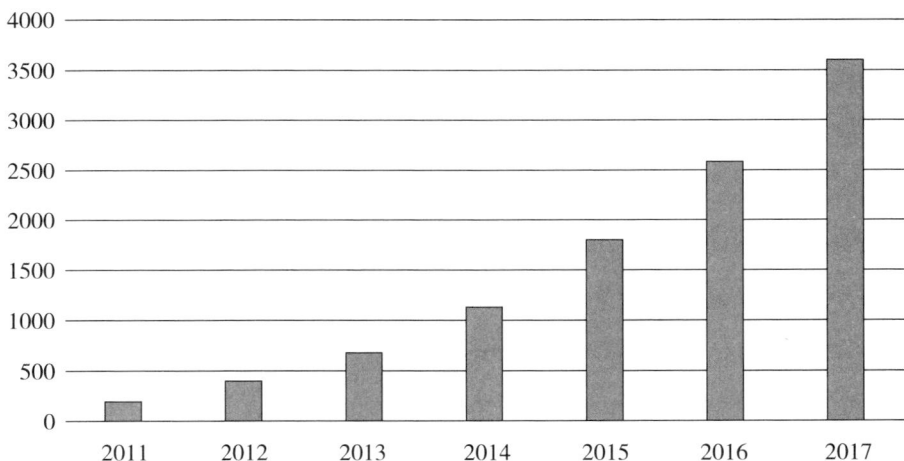

数据来源：京东历年年报

美国的亚马逊，也是在成立二十年之后，才靠"坐穿冷板凳"的云计算一骑绝尘，进入全面爆发的阶段，一下子成为全球高科技创新领域的第一领头羊，并向全球市值最高公司发起挑战。京东走的也是一条中国版的

"亚马逊之路"。

可以说，京东发展的第一个十年，完成了成为一个用户体验至上，甚至是用户体验全球第一的电子商务公司的梦想，如今，亦没有人会再去讨论京东的模式和路线问题。而从第二个十年起，京东则重新明确了自己的战略定位和未来目标，不再拘泥于电商标签，而是要成为一个智能商业体，向纯粹的科技公司转型。这标志着刘强东在战略上、思想维度上的又一次根本性提升。

"一家亏损的企业是可耻的，但是如果太急于赚钱，以至于不敢投资，不敢创新，没有野心，没有梦想，这样的公司是无知的、悲哀的和愚昧的，我始终坚信这个道理。"

"京东未来十二年我们只有三样东西：技术！技术！技术！"

"随着第四次零售革命的到来，零售活动会变得无处不在，商业范式会快速更替，未来京东会从'一体化'走向'一体化的开放'。"

毫无疑问，京东的未来，已将技术作为第一驱动力，而科技，终将为京东带来长远的效益。值得一提的是，京东另一个令外界惊喜的蜕变，则是在于要将自己磨炼出来的智慧能力释放出来，源源不断地输出、开放、赋能给各行各业的传统企业们，甚至包括政府等。

对于国家改革开放四十年带来的机遇和企业发展的规划，刘强东复盘道："京东的战略布局，在微观上，是根据行业大势和业务判断来谋划的，但在宏观上，一定是跟随国家的大计方针来调整的。京东一直以为国家和社会创造最大价值为己任，任何的战略布局，都是为了给用户带来更大的便利，为行业和社会作出更大的贡献。"

"我们从中关村卖电子商品的小柜台起家，业务从线下转战线上，到今天又把线上和线下不断融合创新；我们从售卖单一3C产品到做成全品类的电商平台，如今转型成为零售基础设施服务的提供商；每一次的战略抉择背后，你都可以看到时代大势的印记——互联网技术的发展、中国经济的转型升级、供给侧结构性改革的不断深化……相信不仅是京东，所有的中国企业都是这样，受益于改革开放，又在改革开放的大潮中不断调整自己这艘小船的前进方向，跟随国家这艘大船一起不断破浪。"

找到最佳电商模式

谈及京东的发展，有三个转折点令刘强东印象深刻。

第一个节点是2004年转型做电商的时候。刘强东曾笑言，京东模式是被非典"逼出来的"。受非典的影响，彼时包括京东在内的各种门店都门可罗雀，月月亏损。不愿坐以待毙的刘强东于是另辟蹊径：人们不到门店来买，可以送货上门啊。于是，京东关闭了所有的线下店，转型为线上的电商企业，这是一个决定了京东未来发展方向的选择。

"那时选择做电商在国内已经比较晚了，我们比主要的竞争对手晚了七年。但我们一直要做一个独特的京东，不像任何人，所以才会在无数的竞争当中脱颖而出，成就我们今天的市场地位。"

第二个事业节点，则是2007年京东决意自建物流的时候。那时候刘强东发现，全年72%的客户投诉都是来自于物流，而那个年代整个中国的物流行业都面临着低效运行、服务意识差之类的问题。

而从2007年开始，京东也的确如外界猜想的那样，是亏本运营的。一方面，自建物流，做基础设施建设，是一个投入大、耗时长的系统工程；另一方面，2007年以后电商竞争异常激烈，毛利率大幅下降，甚至可以用惨烈来形容。

上市之后，有人问过刘强东，自建物流的念头从来没有动摇过吗？毕竟别人在赚钱，而京东在赔钱。甚至有人还说，京东要是想赚钱太容易了，睁一只眼闭一只眼，让卖假货和水货的商家进来就行了。但刘强东的答案始终只有一个：从来没有动摇过。"我们不要做一家短期获利的企业，要的是长远投资。"

用户体验是一个看不见摸不着但却能实实在在感受到的一种客观存在。

一个电商公司，无论你的信息系统多么强大，运营效率、成本情况如何，这些问题都不是用户最关心的，用户只关心，我的货好不好，以及配送快不快。

例如在2010年，京东率先推出的"211"限时达极速配送，建立了国内B2C行业的全新标准。在刘强东看来，只有做到当日达，京东才有可能跟线下连锁进行竞争。如果网购做不到这一点，就是用户体验方面的一个缺陷。

当时很多人并不理解，推当日达的成本非常高，京东总有一天会承受不了，甚至有人直接判断，这根本做不到。但四年之后，那些曾经质疑的对手，纷纷跟进。

很多人也不理解，为什么京东不像其他电子商务网站那样使用外包快递公司，而是要自建物流，坚持不外包。其实，刘强东考虑的最根本原因就是，快递公司由于干线运输成本高昂，人员参差不齐，外包物流难以保证服务质量，也就难以保证用户体验。物流建设明显成为电子商务发展的一大瓶颈，既然没有人能够做得好，这就是京东的机会。刘强东宁愿把干线运输上节省的费用全部用到配送员身上去，给他们提高五险一金，让他们更好地为物流系统服务。

京东在管理"最后一公里"时，靠的基本就是两方面，一是有竞争力的收入和成长空间，另一方面则是一套严格的管理系统，两举并行，基本能够保证配送员的服务质量，攻克困扰其他电子商务公司的"最后一公里"行业难关。

京东于2007年开始自建物流，并于2017年4月25日宣布成立京东物流集团，而京东集团已在2017年宣布实现盈利，年营收规模达到300亿元，并宣布希望能够在五年内实现千亿规模的年收入目标。

目前，京东是全球唯一拥有中小件、大件、冷链、B2B、跨境和众包（达达）六大物流网络的企业，凭借这六张大网在全球范围内的覆盖以及大数据、云计算、智能设备的引入应用，京东物流将打造一个从产品销量分析预测，到入库出库、再到运输配送各个环节无所不包，综合效率最优、算法最科学的智慧供应链服务系统。

截至目前，京东物流在全国范围内拥有超过550个大型仓库，运营了16个大型智能化物流中心"亚洲一号"，物流基础设施面积接近1200万平方米。京东物流大件和中小件网络已实现内地行政区县100%覆盖，自营配送服务覆盖了全国99%的人口，90%以上的订单24小时送达，将商品流通成本降低了70%，物流的运营效率提升了两倍以上。

"我希望京东成为全球最令人信赖的公司之一，当有人提到京东的时候，第一印象就是这家公司值得信赖，不仅是合作伙伴、还有客户，不管是在京东商城购物，还是享受京东服务，还是使用京东的云技术。想到京东，就永远是'信赖'二字，只要做到这一点，我觉得我就算成功了。"

转型科技公司

2016年，京东集团第一次进入世界500强，排名第366位，成为中国首家且唯一进入该榜单的互联网企业，这也成为京东过去奋斗十二年的阶段性战略成果。

在2017年开年大会上，刘强东对此总结道："在过去十二年，京东之所以取得成功，让我们成为了全球用户体验最佳的公司之一，是因为我们的正品品质已经深入人心，获得了消费者的信任和信赖。"

与此同时，刘强东首次向整个集团传达了第二个十二年的战略："京东未来十二年我们只有三样东西：技术！技术！技术！"

到了这一阶段，过去外界对京东"苦熬"自营之路的质疑，或者阿里京东之间所谓的模式之争已经结束，事实证明，京东已经建立了全世界最先进的、最具竞争力的电商商业模式，并为下一个阶段的发展打下非常坚实的基础。

着眼未来，京东希望用十二年的时间，不断提升自身的智能化程度，积极投入人工智能、大数据、云计算，以及"无人军舰"的研发和创新，利用新技术，彻底改造过去十二年建立的所有商业模式，将京东最终变为一家纯粹的技术公司，变成一个充满智慧的科技集团，成为全球领先的智能商业体。

有人说刘强东是社会学出身的，京东没有技术基因，但事实恰恰与此相反。过去，京东把很大一部分精力都放在了创新上，包括业务创新、产品创新、服务创新等，并且卓有成效。

京东从成立伊始，就投入大量资源开发完善可靠、能够不断升级、以应用服务为核心的自有技术平台，从而驱动零售、金融、物流等各类业务的快速成长。京东技术上非常舍得投入，研发费用节节攀升。如今，京东已经形成了鲜明的技术驱动发展战略，打造出独特的软硬件一体互联网技术体系，引入国际性人才，夯实核心研发能力，建立多个开放平台，积极对外服务。

2016年，京东建立了X事业部和Y事业部，前者主要致力通过京东的硬件科技来改变消费者的生活方式，比如京东无人车、无人仓以及无人机、无人超市、送货机器人等项目，以及通过京东的硬件科技来改变电商物流中各个场景的应用问题。后者则偏向软件方面的研发。这两个事业部专门储备技术，不断培育出助力京东创新发展的新武器和新手段。

L4级无人驾驶重型卡车、续航1000千米的无人大飞机、由机器人炒菜服务的餐厅、全面助推智能硬件发展的Alpha平台、帮助线下店和品牌商显著提升运营水平的智慧供应链、具备情感的人工智能图像和语音技术……

这一系列新鲜的物种，鲜活的场景，不一而足，应运而生，全面展示了京东在智慧物流、智慧家庭/车联网、大数据/供应链、人工智能等领域的最新技术成果。

2017年，京东在北京建立了第一个全球真正意义上的无人仓库，从产品入库、理货、上架、出库、扫描、打包、打印发票、分拣，包括装车，整个过程都可能实现远程监控。

而京东设定的农村送货场景，未来可以是一架无人机，从无人配送站飞跃重重高山或湍急的河流，再自动落到无人配送车上，把包裹放上去，然后无人配送车再送进村一个一个送包裹。

在售后环节，京东的人工智能客服已经发展了六年，目前52%的服务背后是机器人在做，第二代人工智能客服可以精确地对人的情绪进行感知，分析的精准程度已经超过人工客服。

截至目前，京东配送机器人覆盖城市超过20个，京东无人机在6个省份开展常态化运营。不仅如此，京东物流研发人员通过配送和仓内拣货等环节的智能路径优化，使一线员工效率提升10%以上，让他们每天至少少走40000千米路程；通过无人分拣中心的叉车调度系统，在昆山的一个仓，一名操作人员一天内处理的搬运货量超过12万单，准确率高达99.99%。

京东集团副总裁、X事业部总裁肖军表示："实际上，从2016年开始刘总（刘强东）便对京东技术未来十二年进行了定位，我们在技术上的投入非常大，不断有各种大牛、各种人才、各位教授纷纷加入到京东的团队来。"

据了解，京东从未懈怠面向未来的投入和布局、从未放慢向技术转型的奔跑速度，其在大数据、人工智能和云等多个核心领域都取得了重大突破，吸引了大量全球顶尖专家人才加盟，并与世界级大学就各种前沿性技术探索和研究达成多种形式的合作，包括斯坦福、麻省理工、伯克利、卡麦基梅陇等，这些进行中的研究项目将为人类未来发展带去京东的思考。

刘强东表示，未来，技术领域的持续投入将是京东增强核心竞争力的保障。就像"无界零售"正在推动大量线下实体商业升级转型一样，京东需要更多的技术创新来为集团技术战略落地奠基。京东是人工智能（AI）最深入广泛的应用者和推动者，拥有全行业价值链最长、最优质的大数据（Big Data），也是使用云计算（Cloud Computing）最彻底的企业——ABC技术发展战略将在未来成为京东对外合作赋能的技术核心。

▌ 为社会赋能

对于刘强东而言，企业发展至今第三个最重要的转型节点就在当下。

"京东未来将成为一家服务型的企业，我们正将自身转型成为零售基础设施服务的提供商。通过对未来零售基础设施的搭建，提供融合电商、物流、技术、金融、保险的供应链服务，提升整个零售环节的效率和体验，为社会和国家的经济增长，为亿万用户的美好生活贡献力量。在今后的十年，我们将以技术为驱动，把供应链服务输出到全球市场，成为一家真正的技术和创新驱动的国际化企业。"

前二十年互联网的普及为零售行业数字化奠定了良好的基础，沉淀了大量的数据，再加上近几年来计算能力的飞跃和智能算法的突破，为零售业的智能商业化提供了成熟的条件。

基于此背景，2017年，京东加速转型并提出"无界零售解决方案"。在刘强东看来，无界化将成为零售的终极状态，即场景与场景之间在空间和时间上的间隔会被打破。

在即将到来的第四次零售革命中，智能技术会驱动整个零售系统资金、商品和信息流的不断优化，在供应端，效率不断提升，成本不断下降；在需求端，实现"比你懂你""随处随想""所见即得"的体验升级。

"零售基础设施"这个概念，也是京东最先提出来的，京东在整个零售生态当中的定位也在发生变化，从实物商品的零售到服务的提供，从物流能力的输出到供应链技术的输出，京东正在将自身十几年积淀下来的物流、数据、营销等零售基础设施，整合成为可以对外输出的能力，而京东能够向全社会提供的服务，也将从零售，拓展为"零售+零售基础设施"。

在核心技术领域，京东首先掌握中国最真实、最有效、链条最长的订单交易数据，京东商城自始至终拒绝刷单交易的行为，拒绝虚假交易、拒绝洗钱、拒绝假货、拒绝水货，因此，京东的消费数据也是中国最高质量的消费数据。通过这些数据，既能提供最精准的用户画像，也能提供贷款类的金融服务等。京东也是人工智能技术最深入广泛的应用者和推动者。

从"零售向零售基础设施提供商"转型的道路上，京东历经十四年奠定的基础可为未来丰富的应用场景持续创造出创新的成果：过去十几年，京东成功地打造了一个强有力的B2C物流体系，并成功地将物流成本（对比社会化物流）降低了50%以上，流通效率（对比社会化流通）提升了70%以上。领先的智能供应链从系统和基础设施两方面助力全行业降本增效，推动品牌商按需生产用户青睐的商品；物联网应用不仅给消费者带来便捷的智能生活，也为智能物流打下坚实的基础；无人车、无人机、无人仓、配送机器人等先进应用把人从繁琐的体力劳动中解放出来；智能城市通过结合丰富的数据和分析模型，为城市规划、交通等环节提供智能解决方案。京东云正成为京东对外开放赋能的重要窗口，推动大量核心技术、方案和服务输出，助力零售行业成长。

除了智慧物流技术、无人军舰被大规模应用，7fresh生鲜超市、京东—曲美时尚生活体验馆、京东之家、京东便利店，以及京东和步步高、沃尔玛等众多线下连锁品牌打造的"新门店""新物种"，亦成为引发业界瞩目的案例和标杆。

眼下，提出"未来十二年只有技术"的京东，已向外界充分展示了其技术转型后的优异成绩单。每一项技术创新，都在履行京东所提出的零售基础设施供应商的定位，将这些技术和资源凝结成为京东开放服务的"积木"，与更多合作伙伴实现优势组合，共同提升零售生态的活力和价值。

在这种格局下，京东把自身的角色定位于链接两端：一端是消费者，为消费者提供超越预期、愉悦舒适、可信赖的购物体验，始终是京东不懈的追求和创新的目标；另一端就是品牌商和制造商，帮助大量的实体企业拥抱未来的趋势，顺利完成转型，提升他们以用户为核心的产品定义和供应能力，与实体经济做朋友而不是做对手，这既是京东所擅长的能力，更是京东的责任。所以，京东未来将成为一家服务型的企业，通过对未来零售基础设施的搭建，提供融合电商、物流、技术、金融、保险的供应链服务，提升整个零售环节的效率和体验，为社会和国家的经济增长，为亿万用户的美好生活贡献力量。

在今后的十年，京东的供应链服务还将大力输出到全球市场，两年前京东以物流为载体开始了在东南亚地区的布局，今年通过与谷歌的合作，京东也将继续开拓欧美和其他市场，将中国模式反向拓展到海外，实现低成本、高效率的中国制造通全球，全球商品通中国。

立志成为"国民京东"

2015年年会上，刘强东第一次提出希望京东有一天能成为国民企业，即"国民的京东"。

"所谓国民企业，就是为社会创造最大价值的企业。这个最大的价值，指的不是收入、不是市值，不是单看你能赚多少钱，而是要看你的硬性指标，综合来说，就是正品经营、让合作伙伴谋利、依法纳税和社会责任。"

经过十多年的诚信经营、稳步发展，京东已经向外界展示了"体验为王"和"科技驱动"的风格和面貌，而除了通过商业模式创新、业务突破带动行业和社会进步，刘强东和京东也始终坚持贯彻落实党和国家的方针政策，带领京东集团大力发展农村电商，精准扶贫，在促进就业、提升社会效率、反哺实体经济等方面不断为社会作出贡献。

2018年伊始，身为新一届政协委员的刘强东就走马上任了国家级贫困地区河北阜平县平石头村的名誉村主任，通过制定创造性的扶贫计划，承诺三年内帮助贫困户脱贫，五年内全村家庭收入平均增长十倍。除此之外，"跑步鸡""游水鸭""飞翔鸽"等创新性扶贫项目，均引来外界纷纷点赞。

在电商扶贫方面，京东有很大的优势，目前，京东的物流现在已经覆盖全国，可以解决农产品上行物流成本太高的问题。其次，京东有庞大、快捷的销售渠道。最后，京东还可以帮助农村优质农产品打造品牌，实现溢价。刘强东也在2017年被国务院扶贫办评为"全国脱贫攻坚奖奉献奖"。

2016年至今，通过品牌打造、自营直采、地方特产、众筹扶贫等模式，京东在832个贫困县开展扶贫，上线贫困地区商品超300万种，实现销售额超300亿元，累计帮扶超过10万户建档立卡贫困家庭、超过20万贫困群体实现平均增收数千元。

2014年年底至今，京东加速渠道下沉，大力发展农村电商，推进3F战略，即工业品进农村战略、农村金融战略和生鲜电商战略。截至目前，京东已经拥有约30万推广员，覆盖27000余个乡镇的28万个行政村，服务三十余万个村庄的百姓。京东在全国已有近千家特产馆，分布在七个大区共三十二个省及直辖市。

在农资方面，京东联合农资厂商、优质经销商、专业合作社、农业社会化服务商，通过电商化的农资采购、便捷化的金融信贷、专业化的农技服务、品牌化的农产品营销综合服务，向传统农业输出"互联网+"现代农业与品牌农业解决方案。截至目前，京东农资电商的合作涉农企业已达到两百多家；已授权的京东农资服务中心达到125家。在种子领域先后与杜邦先锋、中种国际等种业巨头达成合作。在肥料领域与金正大、云天化、红四方和中节能金峰等国内外知名企业达成战略合作。在区域经销商、农资服务商领域先后培养、孵化了陕西富钾、江苏亲耕田等优秀的合作伙伴。

在金融方面，京东金融在一千五百多个县三十多万个行政村，开展农村金融业务，构建了一个以农民个体、涉农企业、农产品消费者及众多合作伙伴为核心的农村金融生态圈，通过京农贷、农村众筹、乡村白条、农村理财等产品线为农村提供多元化金融服务；在推进农产品进城的过程中，京东金融与中华联合财产保险公司、新希望六和、杜邦先锋、通威等在内的四十多家企业达成了深度合作，为农民提供从原料采购、种植、收购和销售的全过程金融支持和服务。京农贷项目更是成为了帮助贫困地区建档立卡的家庭脱贫致富的好帮手。

同时，刘强东深深感恩改革开放和教育为其个人带来的命运转变，累计为家乡宿迁的教育文化事业、就读过的中学、人民大学、清华大学等捐赠超过六亿元人民币，不仅设立贫困学生的奖助学金，也帮助这些学校开展前沿科学研究，促进科技兴国战略。

刘强东和京东还非常关注环保事业，致力绿色发展，成立了京东物流绿色基金，投入十亿元用于供应链环保技术改造、创新研发；推广"胶带瘦身"行动每年减少至少一亿米胶带使用；推动品牌制造商、物流企业、包装企业开展绿色供应链行动"青流计划"；未来三年将把几十万辆货运车全部替换为新能源车；在北京市大力推动下，京东自2013年6月开出国内首张电子发票以来，已开具电子发票超10亿张，节约纸张约合650吨。

京东集团在短短二十年间，从最初的中关村4平方米小柜台创业到拥有17万名员工、年交易额突破1.3万亿元、服务3亿用户、间接创造上千万就业岗位、带动数十万人脱贫的高科技企业，可以说京东既是改革开放的见证者、受益者，也是改革开放的参与者和贡献者。而这一切都源于刘强东诚信经营、正道成功的理念，以及致力于解决零售物流领域成本、效率、用户体验等核心问题的出发点。

如今改革开放到了一个新时期，面对环境和行业不断发展、变化的新局面，京东又将如何助力行业和社会发展，助推中国经济前行？京东表示，将把自己定位成为零售基础设施服务的提供商，通过开放自己二十年来在供应链和技术等方面积累的能力，引领消费升级，助力供给侧改革。

未来的京东将是一家什么样的公司？曾有人向刘强东如此提问。"我希望我们是一个全球最受消费者信赖的公司，不仅仅要受到中国消费者的信赖和喜爱，还要受到全世界所有消费者的喜爱和信赖，这是我们整个集团的愿景。"刘强东满怀笑意地谈到。